働き方改革関連法対応版

改訂版

サッと作れる小規模企業の賃金制度

特定社会保険労務士　三村正夫 著

経営書院

プロローグ

　この本を手に取って頂き深く感謝申し上げます。2012年に出版してお蔭様で今回改定版の出版となりました。これも皆様のご支援のおかげです。深く感謝申し上げます。2018年は連日のように働き方改革が新聞紙上で話題となっていました。

　小規模企業の社長さんの多くがこのような時代の流れの中で、深まる人手不足と同時にどのように対応したらいいのか、迷われている社長さんが多いのではないかと思います。この本では賃金制度の視点で上記のようなことも踏まえて考えてみたいと思います。

　ところで、小規模企業の社長さんは、従業員の賃金をいくらにするべきかどうか悩み、なんとなく決めてきたのが現実かと思います。顧問の税理士さんに相談しても、納得できる回答をえられなかったと思います。税理士さんも顧問先の事例からしか回答できないからです。同業者でも、社長さんの質問に明解に回答できる人は少ないのではないか。それほどこの賃金については、世間の特に中小企業の実態がつかめないのが現実かと思われます。

　仮に、賃金制度について本屋さんで本を買われたとしても、そのほとんどが、大企業を対象にした基本給を職能資格制度

で設定し賃金表の作成からスタートして複雑な理論を理解しないと制度設計できない内容です。小さな会社の賃金制度についての本もありますが、基本は賃金表の作成がメインの内容であり、われわれ専門家が読んでもなかなか理解できないものばかりです。

　結局、これら賃金制度のポイントは、基本給をどのように設計するかです。大手企業であれば必要な制度ですが、小規模企業の従業員10人未満の会社では、私は必要ないと思います。

　それでは、どうして決めればいいのか。これまでの経験から見ていると、社長さんが一番に賃金決定で考えているのは、「同業他社からみて、わが社の賃金の水準はどうなのか」といったことではないかと思います。

　そこで、この本では世間相場連動型基本給という私の造語ですが、小規模企業の社長は私の提案するこの概念を理解すれば、１時間ほどで自社の賃金制度をイメージできますし、自信を持って従業員に給料を支払えるようになると思っています。

　このことが結果的に、人手不足の対応につながっていくと思います。

　ランチェスター経営で有名な竹田陽一先生は賃金制度はシンプルであるべきだと提唱されています。私も賃金制度のなかでも賃金の決め方（制度全体では質）は簡単にするべきで、

給与締め日と支払い日の決め方・現金支給か銀行振込か・明細書の作り方・給与ソフトの使い方などの賃金の運用面（制度全体では量の部分）では、質の2倍から3倍のエネルギーを投入すべきだと思います。ところが、多くの賃金関連本では、この質である賃金の決め方、賃金表の作成の方にあまりにもとらわれすぎているように私は思います。

　小規模企業の社長様は是非、賃金制度はシンプルにして、エネルギーの主力を売上に投入して、なによりも会社の業績を伸ばし、従業員に1円でも多く賃金を支払えるような会社に成長していくことが、小規模企業の場合一番重要な視点かと思います。最低でも30名以上の企業に成長していったときに初めて、職能資格制度による賃金制度の導入の時期になってくるのではないかと思っています。

　私は、平成13年に「45歳」で大手生命保険会社を早期定年退職し、すぐその4月に社会保険労務士として独立開業して本年で18年目を迎えました。金沢で開業していますので、そのほとんどの顧問先は小規模企業です。開業時より賃金の相談や改定は日常的にこなしてきています。

　従業員10人以上は労働基準監督署へ就業規則と一緒に就業規則に「賃金規程による」と定めた場合賃金規程も届け出の義務があるため、ある程度賃金制度については認識されているように思います。しかしながら、従業員2・3名から10人未満の小規模企業では、届け出義務がないことと、家族的経

営でやってきているなどの点で、賃金制度について必要性を理解している経営者は極めて少ないように思います。

仮に作るとしても、従業員約30名以上の会社が作成するような、書店にある本の賃金表がはたして必要であるのかと、私は開業以来悩み続けてきました。従業員3・4名の会社に賃金表が現実の問題として必要でしょうか？目の前にいつも社員がいるのですから、賃金について当社はこうなるから頑張ってくれないかと、話をすればいいだけのことです。それをコンサルタントに相談しないと社長自身が理解できないような制度は、ナンセンスとしか言いようがありません。

先ほど紹介した竹田陽一先生も小規模企業は、賃金制度や就業規則はシンプルにするべきだと主張されております。私も18年間賃金コンサルを経験してきて、従業員10人未満の会社では、賃金制度はシンプルがベストであると確信しています。

そこで、「伝説の賃金制度」として、小規模企業および小さな会社の社長さんが読んでいただければ、わずか1時間ほどでイメージできる賃金制度とその作り方を本書で公表したいと思いました。

このような、従業員10人未満の会社を対象にした賃金制度の本は、今までは何故かあまり出版されていません。なぜなら、賃金制度というと専門家の方も常識として賃金表ありきが前提になっているので、賃金表のいらない賃金制度ということはあまり真剣に考えられなかったからだと推測していま

4

プロローグ

す。

　小規模企業の社長様はこれで今まで何気なく決めていた賃金を、自信をもって支給できるようになります。それが従業員のやる気へとつながり、会社の業績アップの一助になると思います。

　そのことがあなたの会社の働き方改革への対応につながっていくと思います。

　そして、賃金制度というものについて、社長様が経営の視点から見直すヒントとなれば幸いです。

目　次

序章　小規模企業の働き方改革どうすればいいのか？…… 1

　1．小規模企業にとって働き方改革とは、……………… 1

　2．残業規制・同一労働同一賃金・迫りくる人手不
　　足あなたの会社はどうしますか？………………… 4

第1章　10人未満の会社　賃金表は果たして必要か？…… 9

　1．賃金とはそもそも何か？……………………… 9

　2．労働基準法からみた賃金………………………13

　3．小規模企業で自社の賃金を、戦略的に考えて決
　　めている社長はどれくらいいるか？………………15

　4．経営全体のなかでの賃金制度のウエイト付け………18

　　☆5分ノート　まとめ………………………………21

第2章　社長さん、ズバリ社員の給料である基本給の決
　　め方………………………………………………22

　1．社長は給料を決める際、何にこだわるか？…………22

　2．職安の情報や、なんとなくで決めてはいけない……24

　3．世間相場連動型基本給を考える！………………26

　4．社長の経営戦略から、世間相場連動型基本給か
　　らのプラス・マイナスを考える………………………29

　　☆5分ノート　まとめ………………………………30

第3章　基本給以外のその他手当の決め方………………31

目　次

1．そもそも手当とはなにか？基本給に含めていい

のでは？手当ってどんなものがあるのか？…………31

2．手当は基本給を補佐するもの。社長の心が表現

しやすい……………………………………………34

3．手当は改正しやすい。労働基準法でいうところの

不利益変更に該当しにくい…………………………35

4．マズローの欲求5段階説からみた賃金制度…………38

☆5分ノート　まとめ……………………………41

第4章　基本給・手当が決まったら、手取りでいくらに

なるかも考える………………………………………42

1．バカにならない社会保険料…………………………42

2．残業代も考えるべきかどうか………………………44

3．給料に含めるか、実費弁償で費用として処理す

るかも考える…………………………………………46

☆5分ノート　まとめ……………………………46

第5章　社長の役員報酬や、各種保険の加入の選択………47

1．社長は役員報酬をいくらもらっているか？

従業員は気にするもの………………………………47

2．100万円以上の役員報酬をとるのであれば、

第二の給与「役員保険」も検討する価値はある………50

3．従業員給与と役員報酬合計で、売上の何パーセ

ントになるか？………………………………………53

4．労務比率を考え、社長は賃金制度を決めるべき……55

7

☆5分ノート　まとめ………………………………………58

第6章　日常の賃金制度の運用……………………………………59

　1．給与締め切りと支払日をいつにするか？社長が

　　一番偉くなれる日…………………………………………59

　2．給与明細の工夫……………………………………………61

　3．給与は直接現金払いか、銀行振り込みか…………64

　4．賞与の支払い方……………………………………………65

　　☆5分ノート　まとめ………………………………………69

第7章　基本給の年代別のポイント……………………………70

　1．20代の賃金…………………………………………………70

　2．30代の賃金…………………………………………………85

　3．40代の賃金…………………………………………………90

　4．50代の賃金…………………………………………………92

　5．60代の賃金（60歳再雇用者の賃金の決め方）………93

　6．採用から定年までの賃金の動き………………………99

　7．中途採用者の方の賃金…………………………………107

　8．時給・日給制の方の決め方……………………………108

　9．賃金センサスのその他の活用の仕方…………………112

　　☆5分ノート　まとめ……………………………………126

第8章　退職金は必要か…………………………………………127

　1．退職金も大企業と中小企業では大きな開きがある。

　　その差をご存知ですか？…………………………………127

　2．退職金も賃金制度の一部として考える……………130

8

目 次

　３．中小企業退職金共済制度か保険会社の退職金制
　　度か？ ……………………………………………………… 131
　　　５分ノート　まとめ………………………………… 136

第９章　労務トラブルにならないための賃金計算……… 137
　１．残業代が正しく支払われていないといわれ、未
　　払い残業代を支払えとある日突然いわれる………… 137
　２．日常の労働時間管理、ダラダラ残業はさせない… 139
　３．住民税は普通徴収にする……………………………… 141
　　　☆５分ノート　まとめ……………………………… 142

第10章　賃金制度で決めたことを文書化する（伝説の
　　賃金制度）………………………………………………… 143
　１．文書化することにより、言った言わないのトラ
　　ブルを防止する…………………………………………… 143
　２．伝説の賃金制度とこの制度を命名する…………… 144
　３．文書化することで、会社が大きくなっていった
　　とき、総務担当の従業員に教育がしやすい………… 174
　　　☆５分ノート………………………………………… 178

まとめ……………………………………………………………… 179
巻末資料………………………………………………………… 183

　　　　　書籍コーディネート：インプルーブ小山睦夫

9

序章

小規模企業の働き方改革
どうすればいいのか？

1 小規模企業にとって働き方改革とは、

　2018年は日本全国が働き方改革・働き方改革で連日のように新聞紙上を賑わしておりました。私も地元新聞社から働き方改革のセミナー依頼があり、講演もさせて頂きました。

　その中で感じたことは多くの社長さんはこの働き方改革といえば、残業規制とAI（人工知能）などを活用した労働生産性向上による労働時間短縮などしかイメージが湧かないようです。

　確かに、2018年の国会（169回国会）において、政府の推進する働き方改革の各種改正法が成立しました。改正の対象となった法律は、労働基準法・雇用対策法・短時間労働者の雇用管理の改善等に関する法律など多岐にわたっており、労働

1

基準法に関しては70年ぶりの大改革と言われていました。

　その結果この法規制の流れは仕方がないかと今では大半の社長さんはご理解しているのではないかと思います。郵便局が土曜の配達を止めるとか、コンビニエンスストアが24時間営業の見直しをするとか、労働時間削減に向けた取り組みが徐々に見られるようになってきました。それと同時にこの機会に賃金制度の見直しをする会社も聞かれるようになってきました。

　それではこの本の読者である小規模企業の社長さんの会社にはどのような労務管理上の影響がでてくるか、私なりに考えてみました。働き方改革のスケジュールは下記のような流れです。

序章　小規模企業の働き方改革どうすればいいのか？

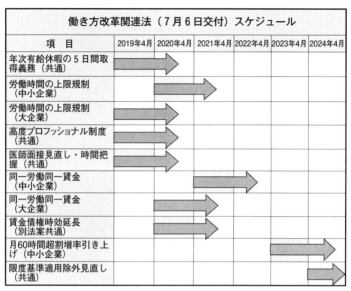

（但し、賃金債権時効延長については予定です。）

　この表にあるように、小規模企業では、2019年4月：年次有給休暇の5日間取得の義務化、2020年4月：労働時間の上限規制、2021年4月：同一労働同一賃金、2023年4月：月60時間超割増率引き上げなどが予定されています。この問題点は大企業とはその施行時期が1年遅れ又は同じ時期にスタートするということです。

　10人未満の小規模企業でも、大企業と同じ対応が要求されてくる訳です。しかも罰則も規定されました。

　従って、これらの法改正に対応できない小規模企業では、

3

やがていま一番大切な人材がより福利厚生のいい賃金のより高い大手企業へ転職していくといった流失の懸念が心配されます。

　働く側からみればそれは当然で、有給休暇も十分とれない会社よりも、福利厚生がしっかりして賃金が高く、休日もしっかりとれる、退職金制度なども整備された会社にトラバーユしていってしまうのではないかと思います。これまでは簡単にトラバーユできない社会でしたが現在は有効求人倍率も２倍をこえるなどトラバーユが比較的簡単です。現にうちの顧問先の離職状況を分析してみると最近の離職は、退職の時点ですでに転職先が決まっているといったケースがほとんどです。従ってこの人手不足の社会のなかで、他社への人材流失は、この改革が進展していく中で加速して、結果的に大企業などから一番影響を受けてしまうのが、体力のない小規模企業の社長さんがたではないかと私は思います。

2 残業規制・同一労働同一賃金・迫りくる人手不足あなたの会社はどうしますか？

　2019年４月から、有給休暇の会社からの５日間の付与の義務化がスタートしますが、社長さんの会社は対応できていますか？

　また、賃金に直結した残業規制につては月間100時間未満、

序章　小規模企業の働き方改革どうすればいいのか？

　2から6か月平均80時間以内、年間720時間の上限規制が、中小企業では2020年4月から法律がスタートします。下記のような内容です。

区分	現行	改正内容
1か月の上限	45時間（大臣告示）	これらの時間を法定化（罰則あり）
1年の上限	360時間（大臣告示）	
特別条項での1か月の上限	協定で定めた時間。年6回までただし定める時間の上限なし	繁忙期は1月100時間未満および2〜6か月平均80時間以内（いずれも休日労働含）45時間超は年6回まで。
特別条項での1年の上限	協定で定めた時間ただし定める時間の上限なし	年間上限720時間以内

　残業が毎日1時間で月間20時間から30時間くらいの会社では、この残業規制は影響ありませんが、残業の多い会社は今から対策が必要となります。あなたの会社が下請けで、親会社からあと1週間で部品を納品してほしいと言われたらどうされますか？これまでであれば、従業員さんに残業をしてもらって何とか期限までに納品をしてきたのではないかと思い

ます。しかし、今後は上記の表のように、上限時間以上残業をさせることはできなくなりました。オーバーすれば、労働基準法違反の罰則の対象になってしまいます。仮に罰則で逮捕とでもなり新聞にでれば、あなたの会社のイメージダウンは必至です。

　このように残業規制が浸透していけば、これまで残業代を含めた賃金が世間相場とあまり遜色がなかったものが残業が減少することにより、小規模企業の従業員の賃金マイナスという現象が多くの会社ででてくるのではないかと思います。

1日8時間労働20日勤務 手当込月額　30万円のケース		
1日平均 残業時間	残業時間	残業代
1時間	20時間	46,875円
2時間	40時間	93,750円
3時間	60時間	140,625円

　この表のように、30万円の給料の方が毎日1時間減少すると毎月約5万円。2時間で約10万円ダウンしてしまいます。この給料をみた奥様は「あなたこれでは生活できなくなる。人手不足なんだからもっと給料のいい会社があるはずよ」こ

6

序章　小規模企業の働き方改革どうすればいいのか？

のような家庭での会話は充分予想されます。

　ですから小規模企業では、これまで残業が毎月50時間前後残業のある会社は残業抑制だけでは不十分で賃金のマイナス分をどうするかなども考えておかないといけないと思われます。

　また2020年から同一労働同一賃金の法改正がスタートします。これは簡単にいえばあなたの会社のパートさんと正社員さんの間で、手当など処遇に合理的な理由がなければ差をもうけてはならなくなってくるということです。仮に、パートさんも正社員と同じ資格を保有しているにも関わらず、パートさんということで支給しないといったことのような合理的な理由がないのに格差を設けているとやがて、働き方改革が進展していく中でパートさんはより条件のいい他社にトラバーユしていくと思われます。

　このように、働き方改革の大波は小規模企業には、体力的に乗りこえるのが厳しい会社が一杯あると思われます。総務省のHPによると日本の事業所の約6割は従業員4人未満・10人未満となると約8割の事業所が対象となります。従ってこの働き方改革の大波は日本の小規模企業の大半が、人手不足による有給休暇の消化の問題や残業規制による労働力不足、またパート職員などの非正規職員と正規職員との同一労働・同一賃金などのかつて経験したことがない、労務課題に直面していくことになります。

7

このような課題の解決策の一つとして、小規模企業の賃金制度はこれまで大半の会社が鉛筆なめなめの賃金制度であったと思います。しかし、働き方改革の大波はその考えでは乗り切れない時代になってきたといえるのではないかと思います。ある意味大手以上に、この人手不足の中で従業員さんがいつまでもあなたの会社で働きたいと思うような特色のある賃金制度にしておかないと、やがて気が付いたらあなたの会社には誰も働いてくれる人がいなくなっていたということが生じてくるのではないかと思います。だからと言って、大手のような複雑な賃金制度ではなく誰でも理解できるシンプルな分かりやすい制度がベストであると思います。

　この人手不足の進展が著しい現在の日本では、今はまだ実感がないかも知れませんが、必ず上記のような現象がやってくると思われます。このような時代の流れも踏まえて会社が取れる対策の一つとして次章第1章からの小規模企業の賃金制度のマニュアルを記載しましたので、あなたの会社の具体的な対応策の一つとして参考にしていただけるものが必ず一つや二つはあると思います。是非チャレンジしていただけばと思います。

第1章

10人未満の会社
賃金表は果たして必要か？

1 賃金とはそもそも何か？

　社長さん、賃金とはなにか真剣に考えられたことがありますか？わかりきっているので、いまさら真剣に考えたこともないと思います。この本では難しいジョン・メイナード・ケインズの経済学の貨幣論などを論じる気はありません。そのような議論は経済学者のお話であり、この本はズバリ、ビジネスとしての賃金というものを考えていきたいと思っています。貨幣がない時代は物々交換経済でした。ところが、イギリスで産業革命がはじまり、複雑な経済の仕組みになればなるほど、現代社会では貨幣が社会の血流機能として、益々重要視されてきました。その貨幣の中で労働の対価としての報酬が、毎月支払う賃金ということになります。この賃金は労

働者の消費か貯蓄に活用されて、ぐるぐる世の中を巡り巡って、また労働者の賃金となってきます。私は、お金はある意味では生き物の血液のように思います。からだの血が循環しなければ死亡するように、お金も循環しなければ社会は機能麻痺し死滅します。

　社長さんが、会社の売上を伸ばし、稼ぎ、それに応じて従業員に賃金を支給すれば、それだけ社会に貢献していることになるのではないかと思います。京セラの稲盛元会長は、一人でも従業員を雇用している社長は本当に立派な仕事をしているのだから素晴らしいことなんだ、とお話されていると聞いたことがあります。そうです、社長さんあなたは日本経済を土台から支えているわけです。小規模企業の多くの社長さんは朝から晩まで働き、そのうえ土日もないくらいお仕事をされていると思われます。そういう私も従業員3名の小規模企業です。よくわかるつもりです。毎月給与支払日近くになると、今月の給料支払えるか、ボーナス時期になるといくら支払うかなど、毎月毎月気苦労が絶えない日々ではないかと思います。従業員さんは労働基準法でも最低賃金とか所得保障がありますが、社長さんは固定給なしの完全歩合給、誰も助けてくれません。社長さん、よく考えてみると私はこの世の中、お金にからむ苦労が大半ではないかと思えてきます。以前私の地元で有名な社長さんが事業を始めたころ、金策に困った時は1万円札の福沢諭吉が路上の看板より大きく見え

第1章　10人未満の会社　賃金表は果たして必要か？

たということを、しみじみとお話されておりましたが、人生において大事な大事なこのお金を、世の中から多く集め、従業員に多く還元して、社会の発展と幸福に大きく貢献していきたいものです。また、お金ほど便利なものもないというのも事実だと思います。なぜなら、お金で人生の実に様々なことができるからです。ただ、注意しなければならないことは、お金はこの世で最高に便利なものですが、お金を人生の目的にするととんでもない結果になりかねません。かつて日本経済がバブル期に多くの経営者が不動産投資・株式投資を行い、バブル経済の崩壊で失敗して、多くの優秀な経営者が事業から撤退してきたように、お金至上主義のたどり着いた学ぶべき教訓が日本の歴史にはあります。やはり、アメリカのマネジメントの父と言われるピーター・F・ドラッカーが「企業の目的として有効な定義は一つしかない。顧客の創造である。」（現代の経営）と言われておりますが、かつての日本のバブル経済の崩壊はそれを証明しているのではないかと私は思っています。人間の体の仕組みを考えればわかるように、血液が多く流れるところは、体の中にそれだけの機能が備わっているところです。経済も社会的価値に見合わない事業にお金がたまると、やはり人間の体と同じように病気になってくるのではないかと私は思います。ですから社長さん、ご自分の事業の目的をしっかり認識していただき、事業が拡大していけばそれにふさわしい売上げが上がり、やがてそれは

11

従業員への賃金となっていくのではないかと思います。人間の体と同じで会社は多く売上げを上げたが、従業員への還元賃金がそれにふさわしくなければ、やはりやがて会社は病気になってくると思います。社長さんいかがですか？私はいつもわからなくなったときは、自分の体とか、自然現象などの動きをよく観察してみると、おのずから自分の行動が見えてくるのではないかと思っています。これでおわかりのように、従業員に賃金を支払うということは、自分の事業の成長のみならず、社会の発展にも貢献している素晴らしい仕事をしているのだと自信を持って経営していただきたいと望むものであります。ここで、視点は若干違いますが経営の神様と言われた松下幸之助氏の、昭和39年2月13日にしたお話を記載しましたので、一読いただきたいと思います。これは、しっかり利益をあげ、そして国に税金も納め社会性を高めなさいというお話ですが、結果的に従業員の賃金もしっかり支払いなさいということにもなってくるお話かと思います。大変感慨深いものがあり、経営者のあるべき姿をいまもなおこうだと、教えていただいていると思います。

（商売繁盛12の心得・松下幸之助著・PHP総合研究所編より）

「私は、企業には適正な利潤を確保する義務があると思うのです。その適正な利潤を確保するということによって、企業が社会性を帯びてくると思うのです。

12

第1章 10人未満の会社 賃金表は果たして必要か？

　もちろん、企業の社会性という観点から、利潤を追求して
はならんという考え方も、一つの見方でしょう。しかし、適
正な利潤を確保することによって、その企業が社会性を帯び
てくるという見方はいかがでしょうか。企業が適正な利潤を
取った場合、その利潤の半分は国家の税金となって、結局は
全国民がその分け前にあずかるわけです。つまり、利潤は国
家の運営費として使用されるとか、あるいは社会保障として
使われるとか、あるいはその他いろいろの国家施設に使われ
るわけです。」

　社長さんいかがですか？経営の神様松下幸之助氏のお話の
ように、堂々と儲けて、しっかり税金を払い、結果的に堂々
と従業員に賃金として支払うことが、日本の社会の社会性を
高めていくということになってくると私も思う次第です。

2 労働基準法からみた賃金

　社長さん労働基準法第24条には次のような規定がありま
す。

（賃金の支払い）

第24条　賃金は、通貨で、直接労働者に、その全額を支払わ
　　なければならない。

　　2．賃金は、毎月一回以上、一定の期日を定めて支払わ
　　　なければならない。ただし、臨時に支払われる賃金、賞

13

与その他これに準ずるもので厚生労働省令で定める賃金については、この限りではない。

いわゆる賃金の支払い5原則なるものがあります。注目したいのは、社長さんがお考えのような、家族手当をつけなさいとか、交通費を支払いなさいとか、退職金・賞与を必ず支払いなさいといった箇所はどこにもないということです。アメリカでは、国民性の違いでしょうか？家族手当・配偶者手当・住宅手当さらには通勤手当といった生活手当は存在しないようです。逆にいうならば、支払い5原則を順守さえすれば、社長さん、あなたの自由に賃金制度を決めてくださいということです。ですから、賃金制度は社長さんのオリジナルな経営の考え方をダイレクトに賃金制度というものに反映させることができるということです。社長さん、ここまで賃金制度について考えたことがありますか？おそらくないと思います。あるとすれば、町の本屋さんで売っている賃金表の作成ぐらいかと思います。

また、面白いのは、賃金制度という本はそのほとんどが、基本給である賃金表の作成本ばかりです。これまで私は開業以来、賃金制度というと賃金表を作成しないと賃金制度はできないような感覚でいました。しかし、労働基準法には、どこを調べても賃金表などという言葉は使われていないのです。だから、社長さん、賃金制度でいくら支払うかは自由にきめればいいわけです。

第1章　10人未満の会社　賃金表は果たして必要か？

　労働基準法に最低賃金額の定めはありますが、上限に限度はありません。ただ、賃金について賃金支払の５原則以外で定めがあるとすれば、男女同一賃金の原則と最低賃金それから時間外・休日、及び深夜の割増賃金の計算に関することぐらいです。ですから、ある意味では、賃金制度は社長さんの経営哲学を十分に反映させることができる箇所かと思います。社長さん、いかがですか？いままで普段支払っている賃金に対して、認識を持っていただけたのではないかと思います。

　もう１つ労働基準法では第11条に『この法律で賃金とは、賃金、給料、手当、賞与その他名称の如何を問わず、労働の対象として使用者が労働者に支払うすべてのものをいう』と定められています。賃金の名称と同時に給与規程とか給与制度とかよく活用されていますが、労働基準法の考えによれば、給与は賃金に含むものとして定義されているようです。本書では給与は賃金に読み替えるものとして進めていきたいと思います。

3　小規模企業で自社の賃金を、戦略的に考えて決めている社長はどれくらいいるか？

　この本を購入していただいた社長さんはおそらく従業員の賃金を、社長さんの勘と鉛筆なめなめで決めているのではな

15

いかと思います。私は開業して18年間に従業員3・4名の会社で、明確な考えを持って決定されている社長さんには、今まで残念ながらお会いした経験がありません。毎日業務量が多忙なため、そこまで十分検討している余裕がないというのが現状ではないかと思います。商工会議所か職安の他社の求人を参考にして決定してきているのが、小規模企業の賃金の決定の現場ではないかと思います。

　一旦決定してしまえば、ほとんど賃金について考えることは無くなってくると思います。ただ、従業員が30名以上ぐらいの規模になると、昇給・昇格をどうするかといった課題がでてくるので、この規模になると、真剣に検討しだすのではないかと思われます。

　日本ではこれまで、従業員の職務遂行能力を基準としてきめる職能給いわゆる職能資格制度が1970年代以降、積極的に導入されてきています。5,000名以上の企業では77％、1,000〜4,999名規模では65％に達しているということです。じゃあ、30名以上はということになりますと18％しか普及していないといわれています。そうです社長さん、日本の企業の約300万社のうち98％が100名未満の会社といわれていますので、小規模企業では、職能資格制度はほとんど導入されていないのです。ところが多くの社長さんは賃金制度というと、この職能資格制度の導入で賃金表を作成することが賃金制度であるかのような錯覚に陥っているのではないかと思い

16

第1章　10人未満の会社　賃金表は果たして必要か？

ます。こういう私も、開業した当時は、賃金制度といえばこの賃金表をいかにその会社にマッチしたものを作成するかということが、仕事であるかのように思っていました。現在でも賃金コンサルタントの多くは、そのように頭から思い込んでいると思います。２％の６万社の100名以上いるような会社であれば当然必要ですが、小規模企業での導入は無理があり、あまり意味がないのではないかと思っています。社長さん、小規模企業では賃金コンサルタントに100万円ちかく支払って賃金制度を作成しても、それは社長さんの自己満足に終わってしまう可能性が十分高いと思います。たしかに、コンサルタントから「御社の賃金制度を改定すれば、従業員のモチベーションもアップして業績向上がはかれますよ。」と言われればつい考えてしまう気持ちもわかりますが、よーく考えてください。賃金制度を改定して業績が上がるのであれば、世の中の社長は誰も苦労しないと思います。結局儲かってメリットをうけるのは、賃金コンサルタントだけということになってしまうと思います。実際多くの小規模企業を訪問すると、この職能資格制度を導入している企業の多くは形だけで、経営の向上にはなっていないとのお話を多く頂戴します。

　そもそもこの賃金表の作成を基礎とした賃金制度は、高度経済成長の時代には、役所や大企業には適合してきた制度ですが、現在のような、先行き不透明な現代社会において、特

17

に小規模企業では、適合しない制度であると思います。ちなみに私は日本生命に22年間在籍してきましたが、自分の毎月の給与明細をみても、あまりにも複雑な賃金制度の会社であったため、制度の中身についてほとんど考えたことはありませんでした。だから、賃金制度を改定すれば業績がアップするという考えには、やや無理があるのではないかと思っています。

4 経営全体のなかでの賃金制度のウエイト付け

　社長さん、賃金制度改革と業績のことを考えるには、ランチェスター経営で有名な竹田陽一先生が提唱されているように、経営の全体図は、営業関連（53%）・商品関連（27%）・組織関連（13%）・財務関連（7%）のウエイト付けで考える必要があると私は思っています。これも人間の体に置き換えてみればよくわかる話で、頭であったり、手であったり、足であったりと、どの面もなくては駄目なように必要な要素です。

第1章　10人未満の会社　賃金表は果たして必要か？

経営の構成要因

①地域、客層、営業方法、顧客対応	53.3%	営業関連　80%	
②商品、有料のサービス	26.7%		
③人の配分と役割分担	13.3%	手段　　20%	
④資金の配分と調達	6.7%		

　この中で営業関連と商品関連の合計が経営全体の8割にもおよぶことを理解しなければなりません。多くのコンサルタントの方が、新入社員研修や従業員のモチベーションアップの研修とか、社内をもっとIT化しましょうとか、そうすれば会社の業績を上げられますよということで切り込んできます。確かにどれも必要であると思いますが、このことを考える上で一番重要なことは、「今は財務に見直しをする必要がある」とか、「従業員のやる気作りの研修がポイントである」等という課題は、経営の全体図から優先順位が見えてくるということだと思います。

　例えば、商品関連が27%以上の効果を上げているのであれば、その他の戦略を考えるべきであると思います。

　賃金制度は、上記の経営の全体図からみれば、組織関連③の中に該当します。比重で考えるのであれば、13%です。竹田先生はさらに経営の構成要因のなかの組織関連③の「人の配分と役割分担」をさらに詳細に考えれば次の配分になると説明されています。この配分の中で、賃金制度は④の賃金や

19

昇進などの処遇の中の一つになります。このようなウエイト付けを頭において賃金制度をその他の要因とのなかで運用していくことが私も重要であると思います。

③人の配分と 役割分担 （13.3％）	①仕事に対する人の配分	53％
	②各人に対する仕事の役割の決定	27％
	③教育と訓練	13％
	④賃金や昇進などの処遇	7％

　この考えが合っているかどうかといわれれば、なんとも言えませんが、少なくともわたしの知る限り小規模企業の経営の全体図は、竹田先生のランチェスターの法則から導きだされたものが最も合っているといえるのではないかと思います。何故なら、様々な会社でその証明がなされており、十分信頼できる経営哲学であると思うからです。今や多くの中小企業の社長でランチェスター法則は知られてきています。先程の経営の構成要因のウエイト付けを考えると、いかに立派な賃金制度・賃金表を作成しても、経営の全体図から分析すれば、思うほど期待できるものではないことをご理解していただけるのではないかと思います。ウエイトが低いからといって、疎かにしていいと言っているのではありません。先にも言いましたが、企業は人間の体と同様に、血糖値が高いのを放置すれば、やがて糖尿病になっていく可能性が十分あります。また、高血圧を放置しておけば、様々な影響が人体

第1章　10人未満の会社　賃金表は果たして必要か？

に出てきます。その分その他の方からみれば遅れを取ってしまいます。また、大きな病気にもなりやすくなります。ですから、重要ではあるのです。

　そう考えると、全てが会社経営では必要であり、重要であるということです。ポイントは、その会社のウエイト・バランスをしっかり見ることかと思います。この本の読者である社長さんは、「そんなバカなことはない、もっと比率は高い」との反論もあるかと思いますが、私の経験では間違いないと最近益々確信する次第です。いかがでしょうか？社長さん、このことからも賃金制度はシンプルがベストだということが、ご理解いただけるのではないかと思います。

5分ノート

　賃金とは、人間の体でいうと血液のようなもである。正常な機能がないと血液も循環しにくいように、会社経営も会社が社会で機能しないのでは、賃金は正常にながれなくなってしまいます。松下幸之助氏がお話されているように、適正な利益を確保し、税金や賃金はしっかり支払い、社会に貢献しなければならない。

　小規模企業に職能資格制度および賃金表は、運用するのが難しいため、シンプルな賃金制度にこだわるべきである。

第2章

社長さん、ズバリ社員の給料である 基本給の決め方

1 社長は給料を決める際、何にこだわるか？

　ここでは、小規模企業の社長さんが実際に従業員の賃金を決める際にどのようにして決めているか考えてみたいと思います。社長さんは現在のご自分の会社の従業員の賃金はどのようにして決定されましたか？

　私が初めて職員を採用した時は、求人票を提出する際のその他の事務所の求人の内容を参考にしました。いかがですか？ほとんどの小規模企業の社長さんは私と同じ行動か同業他社のお友達に相談されたか、商工会の情報などを参考にされたのではないかと思います。賃金表があり、中途採用はこの金額と決まっている会社はほとんどないと思います。そうなんです。小規模企業の賃金は、社長さんの勘と面接時の印

22

第2章　社長さん、ズバリ社員の給料である基本給の決め方

象で、多少の鉛筆なめなめして決定しているのが現実であり、小規模企業の現場かと思います。何にこだわって決めたかは、そうです社長さんの勘です。私はこの勘にあたる部分をもっと社長さんが複雑に考えなくてもできるものがないかと、10年間考えてきました。このヒントになったのが、アメリカの賃金制度です。アメリカの賃金制度を分析すると下記の三つのポイントから構成されていると言われています。

アメリカの賃金制度
①内的公正の原則（社員が担当する職務の企業にとっての価値に応じて賃金を支給する）
②個人間公正の原則（個人の業績を評価して、賃金を支給する）
③外的公正の原則（社員には世間相場の賃金を支給する）

　この中で、注目すべきは③の外的公正の原則です。アメリカでは賃金決定のとき賃金の世間相場を知るために、他企業の賃金情報を収集しなければならないので、自ら賃金調査を実施したり、賃金調査に参加して調査結果を受け取ったり、人事コンサルタント会社の賃金情報を購入してまでして、賃金を決定しているとのことです。

　日本では、厚生労働省の賃金センサスとか各商工会議所が公表しているデータとか、労働基準監督署が公表しているデータとか、購入までしなくても何とか賃金データは入手可

23

能な状況です。

　私は、小規模企業の社長は賃金決定の際に、このアメリカのように世間相場というものをもっと的確に分析して、基本給を設定すればいいのではないかと考えるようになってきました。私も経験がありますが、賃金を決めるとき他社はどうなのかということが、一番気になっていたところではないかと気が付きました。ですから、小規模企業の社長さんは世間相場を意識した賃金設計をすれば、社長自身も納得できるし、従業員にも納得してもらえる制度設計ができるのではないかと思っています。社長さんいかがでしょうか？

2　職安の情報や、なんとなくで決めてはいけない

　社長さん職安の求人情報は確かに重要な視点だと思います。しかし職安の求人は多少高めか、20万から30万とかのアバウトな募集時の賃金で、なかなか実際の世間相場を判断するには難しいのが実態かと思います。ただ、なんとなく相場感はあるのではないかと思います。または、商工会議所などのデータを参照して決め、その後は賃金についてほとんど考えることもなく経過しているのが、小規模企業の実態かと思います。さらに、従業員からみれば、いくら頑張っても何年後には賃金がいくらになるかはわからないのが小規模企業の実態ではないかと思います。そうなると従業員も目先のこと

第2章　社長さん、ズバリ社員の給料である基本給の決め方

しか考えない傾向になっても仕方がないと思います。たしかに、小規模企業の従業員で、社長のように1年先5年先と先のことを考えている人はほとんどいないと思います。そのほとんどが、毎月の給料がいくらになるのかという程度のことしか頭にないのが普通です。よく、中小企業の社長さんが、うちの従業員はもうすこし社長の気持ちになって仕事を考えられないのだろうか？とぼやく方がいらしゃいますが、それを望むのは無理だと思ったほうがストレスを感じないで仕事ができると思います。うちの事務所でも、なぜもっと私の気持ちが理解できないのかと思うことはよくあります。そもそも小規模企業に入社してくる従業員は、大企業の従業員のように、愛社精神などというものはあまりありません。とにかく生活のために、あなたの会社に来ているんだと考えたほうがいいと思います。わたしが勤務していた日本生命では、あるプロジェクトができ、チームをつくれば、それなりに動いていくものでした。

　ところが、小規模企業では社長さんが細かく指示しないとプロジェクトは進まないと思います。これが多くの社長さんの実感かと思います。これだけ、感覚がちがうということを社長さんは日ごろから頭に入れて経営していくべきだと思います。

25

3 世間相場連動型基本給を考える！

　社長さん、先ほど触れたアメリカのように、世間相場を重視した賃金というものが、私は、小規模企業の社長さんが賃金を考える時にもっとも重要視すべき課題ではないかと考えています。アメリカでは、この仕事にはこれだけの賃金という職務給の考え方が主流です。日本のような職能資格制度主流の国とは国民性の違いもあり、一概に定義できないという相違があります。しかし、アメリカのように世間相場を意識した賃金制度を考えれば、社長さんは自分の従業員への毎月の賃金の支払いについて、わが社は世間相場以上の賃金を支払っているんだとか、今は世間並の賃金は支払えないが、あとどれくらい売上をアップしていけば、世間並の賃金が支払えるようになるかということがわかってきます。しかも、これまでのように、自分の会社の賃金が他社と比べてなんとなく低いかな？なんとなく高いかな？といった社長さんの迷いが払拭できるわけです。

　そこでなにか参考になるものとして、公的な賃金データを活用した、世間相場連動型基本給というものを考えました。仕組みは簡単です。たとえば、厚生労働省で作成している賃金センサスでは100名未満・100名以上とか、県別、業種別に毎年の賃金・賞与・年収といったデータが公表されています。社長さん、インターネットで検索すれば、無料で詳細な情報

26

第2章　社長さん、ズバリ社員の給料である基本給の決め方

が入手できます。社長さんの地域でそのような詳細なデータが入手できれば、それを活用してもいいと思います。要するに社長さん第7章の基本給の年代別のポイントで詳しく説明しますが、社長さんが小売業であれば、小売業の10名未満企業の賃金水準を基本給の決定の際に参考にして決定すればいいわけです。この時に、従来からある職能資格制度のように、賃金表で1級3号俸といった具合に考えるから難しくなるのです。社長さんは採用にあたっては、アメリカのように、同業他社はどのくらい支払っているのかを最重要視した基本給の決め方が、私は、小規模企業ではもっとも理にかなった戦略ではないかと思っています。そうすれば、賃金制度の基本給が職能資格制度の賃金表のように明確に定められていないので、経済状況に応じて柔軟に定めることができます。社長さんいかがでしょうか？そして、もう一つ、小規模企業の社長さんにはスピードが求められます。この考えで進み、巻末の資料を活用していただければ、1時間で御社の3・4名の賃金は決定できます。悩まなくてすみます。このようなことを記載すると多くの賃金コンサルタントの方からお叱りを受けるのではないかと思いますが、私は、3・4名の会社であればこの考えで十分であると思います。小規模企業の賃金制度は、ランチェスター経営で有名な竹田陽一先生がお話されているように、シンプルで誰でもわかりやすい制度を導入すべきです。私は、賃金制度の賃金の決め方いわゆる質の部分

27

はシンプルで、運用である賃金の支払い方とか、明細書の工夫とか、ソフトはどうするかとか、給与計算はアウトソーシングするかといった賃金制度での運用いわゆる量の部分は、質の部分に対して2倍から3倍のエネルギーをかけるべきであると思っています。日本の賃金制度として出版されている本はそのほとんどが、賃金制度の質の部分である賃金の決め方賃金表の作成に、あまりにも手間と時間をかけ過ぎているのではないかと思います。できたものがそれなりに会社経営の売り上げに貢献すれば、制度導入もよかったと思いますが、小規模企業で職能資格制度を導入している会社で、あまりいいお話をお聞きしたことがありません。社長さんこれが実態です。そもそも職能資格制度そのものは、役所や上場企業の賃金制度対策として考えられたもので、かつての日本の高度経済成長期には大変機能した制度であると思います。

　それに比べ、小規模企業を対象とした賃金制度の本はほとんど出版されておらず、賃金制度といえば、職能資格制度・賃金表ありきが、これまでの実態にならざるをえなかったと思います。そもそも、出版社も小規模企業向けの賃金の本など売れる訳がないと考えていたと思いますので、この分野の本は出版されてこなかったのだと思われます。

第2章　社長さん、ズバリ社員の給料である基本給の決め方

4 社長の経営戦略から、世間相場連動型基本給からのプラス・マイナスを考える

　社長さん、世間相場型基本給は理解できたが、小規模企業はそのほとんどが中途採用だから、中途で採用した人をいきなり世間相場の賃金で採用するのは抵抗があると思われた方も多いと思います。役所や上場企業は新卒の採用がメインですので、ある意味、職能資格制度で賃金を決定するのは理屈にあっています。しかし、小規模企業ではまったく違ってきます。賃金表は毎年必ず昇給していくのがベースになっていますし、また大企業では組合もあり、毎年春闘で交渉がもたれます。小規模企業が賃金表を活用した賃金制度を活用することは、車の運転でいえば、軽4の車のエンジンで3,000CC以上の車を運転するようなものです。私が提案する世間相場型基本給制度では、採用する人の、経験年数を踏まえて、20代は世間相場から1万から2万・40代は1万から4万マイナスして設定するといったやり方で、高年齢になるほど中途採用者の経験によって基本給の差を設定することにより、中途採用者の賃金を決定することとしています。社長さんは常に経営の中で同業の賃金水準を頭に入れて、中途入社の方に早く仕事をマスターすれば、どのくらいまでの賃金にすることができるかといったことが語れるようになります。そうすることにより、従業員のモチベーションアップにもつなげてい

29

けるのではないかと思っています。いかがですか？賃金の本
を買われると中途採用者の時は入学・卒業方式とか、多忙な
小規模企業の社長さんにはなかなか理解できない仕組みばか
りが出てきてしまいます。われわれ専門家でも、制度ごとに
何日か研修を受けなければ理解できないような仕組みがほと
んどです。

　ある程度会社が成長して総務部長などがおられればそれも
可能でしょうけど、この本の読者の社長さんの会社では不可
能かと思います。ともあれ、第7章で詳細な説明はしますが、
この考えですっきりしませんか。

5分ノート

　世間相場連動型基本給制度で基本給を設定する。

　そのことにより、賃金表から基本給を設定するといった
プロセスを経ないので、賃金そのものが、シンプルに短時
間で決めることができる。

　また、小規模企業はそのほとんどが中途採用であるため、
賃金表ありきは現実的でなく、世間相場連動型基本給のよ
うなものから、単純に経験年数と社長さんの面接で、プラ
スマイナスして決めることが、早く、納得して賃金決定が
できるようになる。

第3章

基本給以外のその他手当の決め方

1 そもそも手当とはなにか？基本給に含めていいのでは？手当ってどんなものがあるのか？

　社長さん、なにげなく毎月見ている賃金明細をみていると必ず手当がでてきます。そこで、いろいろな手当の名称を調べてみますと次のような感じです。

　通勤手当（この手当は実費支給が多く１か月ごとの支給についで６か月ごとの支給で上限50,000円としているような会社が多いようです）

　家族手当・配偶者手当（この手当は所得税法の扶養家族という条件のもと、配偶者は10,000円、子供一人につき3,000円から5,000円の相場が多いようです）

　住宅手当（この手当の相場は、借家住まいで月額20,000円

31

前後が多いようです。ただし、家族形態や住居形態により支給額は幅がある手当です）

職務手当（この手当は会社独自に検討しており、その額は会社の手当の考え方により、いろいろです）

役職手当（部長や課長などの役職者に支給している会社が多く、相場は部長クラスが60,000円から80,000円課長クラスが30,000円か50,000円。クラスで課長以上が時間外手当の支給対象外になっているケースが多いようですが、残業代にからむいわゆる名ばかり管理職の問題には注意する必要があります）

営業手当（支給額の相場は、一般従業員で10,000円から20,000円、主任クラスで20,000円から30,000円が多いようです）

調整手当（給与制度を変更したり、新入社員の能力を観察する期間の手当としている会社が多いようです）

販売手当（車の販売の仕事のような会社で、販売実績に応じて決めているケースが多いようです）

単身赴任手当（単身赴任しているような従業員に支給するケースが多いようです）

車両手当（マイカーを会社が借り上げて使用する時などに支給するケースが多いようです）

残業手当（労働基準法で定められた計算方法で支給するこ

第3章 基本給以外のその他手当の決め方

とになります）

　寒冷地手当・勤務地手当（北海道や北陸などに、転勤した
　　　　際に支給しているケースが多いようです）

　精勤・皆勤手当（だんだん支給する会社が減少しています
　　　　が、相場は、完全な無遅刻・無欠勤の時で月額6,000
　　　　円から8,000円、欠勤2日まで認める時で月額
　　　　3,000円ほどが多いようです）

　アメリカではちなみに、家族手当・配偶者手当・住宅手当
のような生活給的なものはありません。

　寒冷地手当などは役所特有の手当です。

　私が仕事をしていて、多く見られるのが通勤手当です。し
かし、この手当は必ず支給しなければならないという手当で
はなく、中には支給していない会社もあります。次に多いの
が家族手当、かつて民主党政権になって子ども手当を受給す
る関係上家族手当を見直した会社も多いと思います。配偶者
手当も税法上の扶養家族にしている時にこの配偶者手当を支
給している会社が多いように思われます。その他いろいろで
す。別に労働基準法に定めがあるわけではないので、社長さ
んが独自の手当を作られてもかまいません。私はこの手当
は、支給実態からみると、社長さんの考え方というか個性が
よく反映されていると思います。

　2021年に同一労働同一賃金の法改正があり、今後はこれら
の手当について見直す会社が多くなってくるのではないかと

33

思います。

　会社によっては食事手当があったり、頑張り手当があったりで社長さんがいろいろ工夫ができる箇所ではないかと思います。私はやはり基本給一本よりも、手当を工夫していくことにより、社長さんの経営哲学を最も形として従業員さんに反映させることができるものでもあると思いますので、各種手当のいろいろな工夫を検討されるべきではないかと思います。

2 手当は基本給を補佐するもの。社長の心が表現しやすい

　社長さん、小規模企業の手当は必要最低限の手当を考えればいいと思います。とにかくシンプルな制度設計を目指すべきです。

　私は、アメリカでは生活給のような手当はないと先ほど説明しましたが、日本のような農耕社会では、むしろ存続させるべき手当もいくつかあるのではないかと思っています。

　その代表選手が家族手当ということになりますが、日本のような少子化社会で、子供さんを1人2人3人と育てているというのは大変な社会貢献です。

　日本の未来の人材を苦労して育成してくれているわけです。また、家族の協力なくして仕事の成功もあり得ない訳で

第3章　基本給以外のその他手当の決め方

すから、家族手当を支給するということは理に適っているのではないかと思います。実務的には、家族一人5千円のような支給基準が多いような気がします。次に小規模企業で検討してみる手当は職務手当がいいのではないかと思います。従業員が3・4人なわけですから、仕事が3年以上ぐらいになって、ある程度仕事が十分任せられるようになったら、この職務手当などを工夫して支給されたらいかがかと思います。

　また、役職者を任命した時は役職手当などを工夫して支給すればいいのではないかと思います。

　私は以上の通勤手当・家族手当・職務手当・役職手当ぐらいで、小規模企業の手当は十分かと思います。工夫するとすれば、この手当の中身を段階的にするなどの工夫をすれば足りると思います。

3 手当は改正しやすい。労働基準法でいうところの不利益変更に該当しにくい

　社長さん、基本給は一旦決定すると下げにくいものです。合意があれば問題ありませんが、場合によっては訴訟に発展することもあります。しかし、手当に関しては、家族が扶養から外れれば廃止できますし、役職がなくなれば支給をしなくても、労働者の方も仕方がないと思ってくれると思います。職務手当についても、毎年職務成績に応じて改定すると定め

35

れば、毎年または毎月でも改定できることになります。

　いかがですか？手当はいわゆる賃金制度の調整弁としての機能も備えることになります。私の主張したいことは、社長さんが賃金を支給する際に、その支給の意味をしっかり認識して、納得して支払ってもらうということです。社長さんの賃金支給に込められた気持ちは、やがて従業員さんに伝わっていくものです。人間には以心伝心という能力があります。

　言葉を表現しなくても心は感じるものです。また、工夫の仕方では、一般的に家族手当の名称が日本では主流ですが、たとえば、ネーミングをファミリー手当、チャイルド手当、思いやり手当とか工夫するのも面白いと思います。楽しくなりますね。職務手当なら、スペシャリスト手当、輝き手当、成長手当など面白いと思いませんか？日本語は大変表現方法が豊かな国です。たとえば、パート職員は一般的にパート職員と呼んでいますが、私はある会社で、「フレッシュ職員とか、もっと夢のある名前にしたらどうですか」とアドバイスしたことがありますが、その会社は、名称を夢のあるネーミングにしてから、職員の定着率が向上してきたとのことです。私は小規模企業は特にネーミングには意識して、従業員の意識をすこしでも向上していける工夫をしていくべきだと思います。

　次に働き方改革関連法の同一労働同一賃金の改正が序章で記載したように2021年の４月から施行されます。このこと

第3章　基本給以外のその他手当の決め方

は、この章の手当の考え方に重大な影響があります。それは中小企業では2021年4月から正規雇用労働者と非正規雇用労働者の間の不合理な待遇格差が禁止されることになりました。いわゆる同一労働同一賃金が義務化されるわけです。ここで考えなければいけないことはあなたの会社に非正規社員がいて正社員が住宅手当とか家族手当などが付いていて、非正規の方に正規社員と同じ内容の業務をしてもらっているならば、非正規の方にも住宅手当や家族手当をつけなさいということです。

　従って改正後はあなたはパートだからと安易に手当をつけないで雇用契約を締結することはできなくなってくるということです。差をつけるのであれば職務内容や責任の度合などが明確に違うとか、パートさんに何故手当がつかないかなど客観的な理由が必要となってきます。ですから10人前後の小規模企業では、私の提案とすれば最初から正規・非正規で手当などは区分しないで同じ処遇を決めていけばいいのではないかと思います。このことが逆にパートさんなどのモチベーションアップにもつながっていくのではないかと思います。

　パートさんなどが数百人もいるような会社であれば、手当については明確な支給基準に違いをはっきりさせるなどの対応が必要かと思いますが、小規模企業では、逆に大手では支給されないような手当なども支給してあなたの会社の賃金での魅力アップを考えていくべきではないかと思います。

37

4 マズローの欲求5段階説からみた賃金制度

お金に関すること、例えば賃金の構成、基本給の考え方、昇給、賞与、退職金などについては、従業員が最も気にするところなので、しっかり社長さんの考えを明確にすることが重要であると思います。また、従業員のモチベーションアップ対策にも大きな影響をあたえるかと思います。このことを考える上で、アメリカの有名な心理学者アブラハム・マズローの5段階欲求説は大変参考になると思いますので、紹介したいと思います。社長さんの中には知っているよと思っている方も多いと思います。それほど有名な学説でいろいろな分野で活用されています。この学説は賃金制度を含めた労務管理には、私は大変参考になると思っています。

マズローが唱えた欲求五段階説では、次表のように、人間の欲求は五段階のピラミッドのようになっていて、底辺から始まって一段目の欲求が満たされると、一段階上の欲求を志すというものです。生理的欲求、安全の欲求、親和の欲求、承認の欲求、自己実現の欲求となります。

まず、生理的欲求と安全の欲求は、人間が生きる上での衣食住等の根源的な欲求です。労務管理でいえば、失業していた人がやっと就職できたとかいう状況です。従ってこの段階の人はとにかく賃金がいくらもらえるかが一番重要な課題になります。ですからこの段階の方のモチベーションアップに

第3章　基本給以外のその他手当の決め方

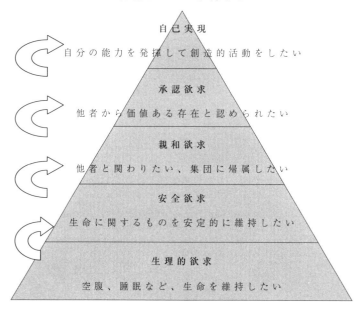

は、賃金の多い少ないが最大の関心ごとになってきます。従って求人はこの水準を考えて、いい人材を募集したいと思えば、世間相場より高めに求人票を職安に提出するといった戦略が導きだされます。

その欲求がみたされると次の欲求である親和の欲求は、他人と関わりたい、他者と同じようにしたいなどの集団帰属の欲求です。この段階の人は労務管理でいえば、入社二・三年

39

目の従業員が該当してくると思います。

　先輩従業員の方に早く一人前に認められたいと考えている状態で、給料は当社は世間並みの水準かどうかなど、賞与はどれくらいかなど気にしてくる段階で、モチベーションアップには賃金だけでなく、仕事に権限や達成感などを与えることが必要になってくる段階かと思います。前節で説明したように、職務手当などの手当はこの段階からの導入がベストではないかと思います。

　そしてその段階も達成すると、次の欲求は承認の欲求と言われるもので、自分が集団から価値ある存在として認められ尊敬されることを求めてくる、いわゆる認知欲求が起きてきます。労務管理でいえば、仕事もベテランになり、課長、部長といった地位に目覚めてくる段階ではないかと思っています。ですから、この段階の従業員はお金よりむしろ役職がモチベーションアップに影響を与えるのではないかと思います。従って、この段階から役職手当を支給するといったことがベストの戦略になってくると思います。

　そして、この段階の欲求も達成すると人は、自己実現の欲求という、自分の能力・可能性を発揮し、創造的活動や自己の成長を図りたいという欲求に成長してきます。労務管理でいえば、自分に権限を与えてもらい、あるプロジェクトをやり遂げるなどになると思います。

　この段階の従業員はお金よりむしろ仕事のやりがいがモチ

第3章　基本給以外のその他手当の決め方

ベーションにつながってくるのではないかと思っています。ひとつ気をつけなければならないのが、ここまでレベルが上がった従業員は、そうです社長さん恐れていることです。独立してやがて自分のライバルになってしまうことが考えられます。いかがでしょうか？従業員の労務管理はこのような大局的な視点で、この従業員にどの段階の刺激を与えればやる気がおこるかを考えてやらないと、ただ賃金だけをアップしても効果がある人とそうでない人がいるということを考えながら、諸手当を有効に活用した賃金制度全般のことを考えていかなければならないと思います。

5分ノート

　各種手当は社長さんの、経営哲学が最も形として、反映させやすい箇所です。マズローの5段階欲求説にあるように、人間の欲望は、その各自の段階により、変化するので、賃金を上げるだけでは、従業員さんの満足度をかなえることはできない。このようなことを理解して社長さんは賃金を決定するべきである。

第4章

基本給・手当が決まったら、
手取りでいくらになるかも考える

1 バカにならない社会保険料

　社長さん、基本給および手当が決まったらこれでいいわけではありません。社会保険に加入しているような場合は、社会保険料控除後の手取り金額も考えたうえで賃金を決定しないと、社会保険料の関係で、給与が千円アップしたが手取りが千円以上マイナスになるケースがあります。社会保険料は基本的に本人負担部分と同額を会社も納付しなければならない制度で、賃金総額に対して約28％の保険料がかかると思ってください。30万円の賃金であれば会社負担分をいれてざっくり40歳未満の方は84,600円（28.2％）かかってしまいます。会社と本人にとって大変な出費になるわけです。ですから、社会保険料を考慮した賃金の設定が必要になってくると思い

42

第4章 基本給・手当が決まったら、手取りでいくらになるかも考えます。

（具体例）

（平成31年1月現在の東京の社会保険料率を採用）

25歳　男性	賃金総額21万円	総額20万9千円
健康保険料	10,890円	9,900円
厚生年金保険料	20,130円	18,300円
合　計	31,020円	28,200円
手取り	178,980円	180,800円

　千円賃金が多いのにもかかわらず手取りは1,820円少なくなってしまい、年間では21,840円少なくなり社会保険料の本人と会社負担分の合計保険料という視点で考えれば67,680円の負担増となる。

　その分年金が多くもらえるという視点もありますが、将来の年金額を考慮したとしても、現在の負担減を選択したほうが、本人も会社もベターであると思われます。従って賃金の決定時のポイントは、社会保険料の等級区分の上限になるべく近づかないチェックが必要であると思います。参考のため保険料表を又巻末には詳細に保険料額表（東京都）を掲載しましたので確認してください。

43

平成30年4月分（5月納付分）からの健康保険・厚生年金保険の保険料額表

・健康保険料率 平成30年3月分～ 適用　・厚生年金保険料率 平成29年9月分～ 適用
・介護保険料率 平成30年3月分～ 適用　・子ども・子育て拠出金率 平成30年4月分～ 適用

（東京都）　　　　　　　　　　　　　　　　　　　　　　　　　　　　　　　　　　（単位：円）

標準報酬		報酬月額		全国健康保険協会管掌健康保険料				厚生年金保険料（厚生年金基金加入員を除く）	
				介護保険第2号被保険者に該当しない場合 9.90%		介護保険第2号被保険者に該当する場合 11.47%		一般、坑内員・船員 18.300%※	
等級	月額	円以上	円未満	全額	折半額	全額	折半額	全額	折半額
17(14)	200,000	195,000 ～	210,000	19,800.0	9,900.0	22,940.0	11,470.0	36,600.00	18,300.00
18(15)	220,000	210,000 ～	230,000	21,780.0	10,890.0	25,234.0	12,617.0	40,260.00	20,130.00
19(16)	240,000	230,000 ～	250,000	23,760.0	11,880.0	27,528.0	13,764.0	43,920.00	21,960.00
20(17)	260,000	250,000 ～	270,000	25,740.0	12,870.0	29,822.0	14,911.0	47,580.00	23,790.00
21(18)	280,000	270,000 ～	290,000	27,720.0	13,860.0	32,116.0	16,058.0	51,240.00	25,620.00
22(19)	300,000	290,000 ～	310,000	29,700.0	14,850.0	34,410.0	17,205.0	54,900.00	27,450.00
23(20)	320,000	310,000 ～	330,000	31,680.0	15,840.0	36,704.0	18,352.0	58,560.00	29,280.00
24(21)	340,000	330,000 ～	350,000	33,660.0	16,830.0	38,998.0	19,499.0	62,220.00	31,110.00
25(22)	360,000	350,000 ～	370,000	35,640.0	17,820.0	41,292.0	20,646.0	65,880.00	32,940.00

---

2 残業代も考えるべきかどうか

　社長さん、あなたの会社で残業が多くなると仮定した時は、悩ましい問題ですが割増賃金2割5分増しの賃金を支払わなければなりません。

　第9章の賃金計算で詳しく説明しますが、社長さん残業代

第4章 基本給・手当が決まったら、手取りでいくらになるかも考える

の目安は下記のような感じです

「毎日１時間ほどで１か月で約30時間残業したときの残業
代（一日８時間月21日労働の会社）」

賃　　金	20万円	30万円
残業代	約４万５千円	約６万７千円
賃　　金	40万円	50万円
残業代	約８万９千円	約11万２千円

社長さん、ビックリされたと思います。結構高額です。

これをしっかり計算しないでいると、退職してからサービ
ス残業代２年分、賃金40万円の方であれば約214万円請求し
てくることがあります。従業員はあなたの会社を退社すれば
いろいろなところから入れ知恵され、予想もつかないような
ことを言ってくることがあります。十分残業代は認識したう
えで、賃金の計算が必要であると思います。基本は生産性を
あげ残業させない取組みが必要かと思います。残業代を含め
れば40万円の賃金と考えていたが約50万円として考えなけれ
ばならないかもしれません。いかがでしょうか？

但し、改正が予定されている賃金債権時効延長が2020年４
月から仮に施行となれば、５年分の請求となり先ほどの約
214万円は約534万円となり、さらに訴訟ということで付加金
が加算されれば1,068万円の額になってくる可能性がありま
す。ですから５年時効が施行されれば、やがて未払い残業

45

1,000万円訴訟の時代がやってくるのではないかと私は思っています。こんなことになれば零細企業では会社経営そのものが継続できなくなってしまうのではないかと思います。

3 給料に含めるか、実費弁償で費用として処理するかも考える

社長さん、細かい話になりますが、賃金にして支給するか実費弁償で費用として処理するかで社会保険料等に大きな影響を与えますので、検討しておきたい項目です。

対策事例

営業手当　仕事上の交際費（実費弁償にならないか）

出張手当　出張旅費（実費弁償にならないか）

結婚手当　恩恵的な慶弔見舞金としてならないか

以上代表的ものを上げておきました。顧問の税理士さんにご相談されたらいいと思います。

> **5分ノート**
>
> 　賃金の決定の前に、社会保険料等を検討して最終的に決定する。平成29年からは約29％の社会保険料時代になってきたことを考えるならば、残業代とか、社会保険料対策とかをしっかり考えて、賃金の決定をしていくというプロセスも益々必要な時代になってきている。

第5章

社長の役員報酬や、各種保険の加入の選択

1 社長は役員報酬をいくらもらっているか？従業員は気にするもの

社長さん、役員報酬はどのようにして決められますか？おそらく、顧問税理士さんと相談されて決めているのではないかと思います。開業時は20万円から30万円ほど、やがて安定的に売り上げが見込めてきたら50万円から100万円、そして十分利益が出てくると100万円から200万円が小規模企業の実態ではないかと思います。私の経験では、小規模企業で役員報酬50万円前後が非常に多いように思います。社長さんはいくら役員報酬をとられていますか？200万円以上と言える社長は立派な経営をされていると思います。従業員さんは結構自分の社長はどれくらい役員報酬とっているか見ているもの

47

です。考えてもみてください。従業員が賃金20万円で、社長が役員報酬100万円と思うといかがでしょうか？あまり気持ちのいいものではないと思います。ここで、わたくしは役員報酬が100万円を超える時は、社長の「第2の給与である役員報酬」を提案させていただいています。具体的には生命保険の役員保険をお勧めします。役員保険には相続・事業継承・勇退退職金・緊急予備資金・事業保険の役割がありますが、社長の第二の給与としての機能から考えれば事業保険の選択になると思います。この事業保険には下記の目的が考えられます。

　　その1　社長の死亡退職金
　　その2　社長の役員勇退時の退職金
　　その3　会社の借入金返済、買掛金の支払い
　　その4　急な従業員の退職金
　　その5　急激な売上減少に対応する、緊急資金対策
　　その6　事業継承のための自社株購入資金

　以上の役割が考えられます。要するに、毎月の役員報酬から準備しなければならない対策を役員報酬ではなく、言い方を変えれば、生命保険の保険料を役員報酬とみなして考える訳です。役員報酬として所得税・住民税で約4割税金で払うのであれば、役員保険で費用化を図るべきだと思います。保険商品の中には経費として毎月の保険料を処理しながら一時的にまとまった資金が必要になったとき保険のキャッシュバ

第5章　社長の役員報酬や、各種保険の加入の選択

リュとして解約返戻金が結構たまっている商品があります。このような商品を有効活用して利益を圧縮して、いざ資金が必要なとき、解約返戻金で資金化します。そのときには利益になりますが、それと同時に退職金の支払いとか、買掛金の支払いとかで費用化できますので、同時に利益と相殺してしまいます。ですから、節税になる訳です。いかがでしょうか？社長さん私は、日本生命に22年間在籍して様々な保険を販売してきた上で思うのですが、役員報酬と第二の給与役員保険でトータルの報酬として検討することをお勧めします。会社の資産を個人に移転するもっとも税金のかからない方法はこれが一番の戦略だと思います。社長さん、経営者はご存じのように裸の王様です。いざというときに、今まで貯めた自分の役員報酬から調整しなくても、安心して家族の生活費として奥様に渡せると思います。ですから、利益があり役員報酬150万円にするのであれば、役員報酬100万円第二の給与として役員保険料に50万円加入することお勧めします。この50万円には社会保険料も所得税も住民税もかかりません。いかがですか？役員報酬が50万円でいいのであれば100万円または50万円の保険料の保険に加入する。結果的には150万円か100万円の役員報酬をもらう以上の効果があると思います。

2 100万円以上の役員報酬をとるのであれば、第二の給与「役員保険」も検討する価値はある

　次頁のグラフは役員報酬150万円でそのうち50万円を第二の給与役員保険（養老保険に従業員と共に福利制度の一環として契約したケース）に加入したときのシュミレーションです。このケースのように、毎月半分25万円が損金として経費で会計処理ができてしかも、節税効果を考えると約5年で実質解約返戻金は約9割になります。単純返戻金でも約10年で約8割になります。若干契約する保険会社によっては相違すると思いますが、各社ともそれほど相違はないと思います。このケースで注意しなければいけないのは、死亡保険の受取人を遺族にするか会社にするかで、シュミレーションのように保険料の半分が損金処理になるか、又は全額が資産計上になるか相違してきます。但し資産計上のときは従業員の加入要件は必要ありません。従って契約する際には保険会社の人と十分確認して加入する必要があります。いかがでしょうか？社長さん毎月の保険料には社会保険料はかかってきません。これで毎月100万円の役員報酬は奥様に安心して渡せると思います。なにかあってもこの第二の給与が会社を守ってくれます。このようなことを考えて私は、役員報酬を決定するときに、同時にこの第二の給与役員保険も検討することをお勧めしています。このときに適正な役員報酬、そして適正

50

第5章　社長の役員報酬や、各種保険の加入の選択

払込保険料累計・解約返戻金推移表（養老保険による福利厚生プラン）

●実効税率：30％としたケース、法人所得により相違します。

55歳契約20年満期の時

保険金額1億200万円

経過年数	年齢	①払込保険料累計	②損金算入額	③資産計上額	④軽減税額	⑤実質負担額累計	⑥解約返戻金	⑦単純返戻率	⑧実質返戻率
			①×1/2	①-②	②×30%	①-④		⑥÷①	⑥÷⑤
1年	56歳	600	300	300	90	510	340	56.7	66.7
2年	57歳	1,200	600	600	180	1,020	828	69.0	81.2
3年	58歳	1,800	900	900	270	1,530	1,319	73.3	86.2
4年	59歳	2,400	1,200	1,200	360	2,040	1,812	75.5	88.8
5年	60歳	3,000	1,500	1,500	450	2,550	2,308	76.9	90.5
6年	61歳	3,600	1,800	1,800	540	3,060	2,807	78.0	91.7
7年	62歳	4,200	2,100	2,100	630	3,570	3,308	78.8	92.7
8年	63歳	4,800	2,400	2,400	720	4,080	3,813	79.4	93.5
9年	64歳	5,400	2,700	2,700	810	4,590	4,322	80.0	94.2
10年	65歳	6,000	3,000	3,000	900	5,100	4,835	80.6	94.8
11年	66歳	6,600	3,300	3,300	990	5,610	5,339	80.9	95.2
12年	67歳	7,200	3,600	3,600	1,080	6,120	5,847	81.2	95.5
13年	68歳	7,800	3,900	3,900	1,170	6,630	6,363	81.6	96.0
14年	69歳	8,400	4,200	4,200	1,260	7,140	6,885	82.0	96.4
15年	70歳	9,000	4,500	4,500	1,350	7,650	7,415	82.4	96.9
16年	71歳	9,600	4,800	4,800	1,440	8,160	7,954	82.9	97.5
17年	72歳	10,200	5,100	5,100	1,530	8,670	8,503	83.4	98.1
18年	73歳	10,800	5,400	5,400	1,620	9,180	9,063	83.9	98.7
19年	74歳	11,400	5,700	5,700	1,710	9,690	9,638	84.5	99.5
20年	75歳	12,000	6,000	6,000	1,800	10,200	10,200	85.0	100.0
積立配当金は計算に含んでおりません。		万円	万円	万円	万円	万円	万円	%	%

な役員保険、適正な従業員の賃金などトータルで考える必要
があるのではないかと思います。

　社長さん、賃金制度の本に、役員報酬のことも書いている
本は大変少ないのではないかと思います。小規模企業では賃

51

金制度を検討する時には先ほども説明しましたが、この役員報酬も検討して考えることが、経営全体の人件費などが明確になり、経営全体の中での費用配分がわかりやすくなりますので、セットで考えることが、経営の効率化につながってくると思っています。第二の給与役員報酬を考えるのは、この役員報酬を決定するときに考えなければ、適正な報酬額の決定ができなくなってしまうと思うからです。社長の報酬は、家族の生活費から会社の運転資金まで、事業にかかわる様々な対応にも準備しておかなければならない報酬であると思います。ですから役員報酬は従業員賃金からみれば高額なのは当たり前ですが、世間相場ということも考えて決定する必要があると思います。ここで、ご参考のために、中小企業における役員報酬の一般的なモデルデータを記載しました。

中小企業の役員報酬・賞与のモデル金額

役　　員	報酬月額のモデル金額 （万円）	年間賞与のモデル金額 （万円）
会　　長	130	280
社　　長	160	450
専　　務	120	240
常　　務	110	200
取締役	70	200
監査役	40	70

第5章 社長の役員報酬や、各種保険の加入の選択

3 従業員給与と役員報酬合計で、売上の何パーセントになるか？

　社長さん次に会計上の視点で、従業員賃金と役員報酬合計で人件費がいくらになるでしょうか？

　従業員3名で役員報酬50万円の会社で考えてみます。従業員3人で賃金60万円とすると毎月110万円の人件費で年間1,320万円になります。そうすると業種にもよりますが、私どものような、コンサルタント業の時はこの2倍の2,640万円は売上が必要になると思います。会計的には労務比率6割とか言いますが、それは粗利益に対する人件費の割合です。粗利益がなかなか理解できない社長さんもいるので、税理士さんに単純に売り上げの何割までが、人件費としていけるかどうか調べてもらってください。自分の事業の人件費の分岐点がわかれば、従業員の賃金がいくらにすべきか？または役員報酬はいくら可能か？がイメージできます。

　社長さんあなたの会社は人件費が売上の何％になりますか？建設業や製造業のように比較的売上高が高くなる業種では1割ぐらいから、われわれのような業種ですと売上がほぼ利益に近い業種ですと6割前後までの範囲にほとんどの業種が入ると思います。会計でいうところの、粗利益に対する人件費の労務比率がわからなくても、売上であれば、どんな社長でも自分の会社がどれくらい売上があるかは、理解できる

53

と思います。会計でいうところの労務比率でいくと、この比率は最大6割ぐらいまでにおさえるというのが基本的な考え方になると思います。しかし、そのことが理解しにくい社長さんであれば、会計的には異論もあると思われますが、単純に売り上げに対して人件費いくらまでが、損益の分岐点かをイメージしていただいたほうがわかりやすくていいのではないかと私は思っています。会計的に粗利益に対する人件費といっても、会計に明るくない社長さんであればなかなか実感がわかないと思います。これがきまれば、ある程度会社の人件費はいくらまで出せるかわかってきますので、必要な人件費、必要な人材数などが見えてくると思います。そのなかで、人件費があまり捻出できないようであれば、パート職員の有効活用を図っていくなどの戦略が必要かと思います。ただ、ここで考えなければならないのは、人件費にかかわる人の採用には二つの戦略があるということです。競争力のある強い商品や市場占有率一位の地域作りが実現できるだけの必勝の人数を投入していくやりかたと、会計的な視点で、労務比率を考えて必勝の人数を投入していくやり方があります。どちらを選択して経営していくかは、社長さんの経営戦略になってきます。

　但し、現在の日本はご存知のように人手不足、求人してもなかなか働いてくれる人が見つからないといった状況です。ですから、特に小規模企業では雇用を前提とした経営戦略は

54

第5章　社長の役員報酬や、各種保険の加入の選択

見直しが必要かもしれないと思います。

4　労務比率を考え、社長は賃金制度を決めるべき

　社長さん、会計の分析から、自分の会社の人件費は払い過ぎか、または少ないか、払い過ぎであれば売上をいくらまでにしないと、世間相場連動型基本給に近づかないかも見えてくると思います。売上が少ないのに世間相場を支給しているとやがて会社は倒産ということにもなりかねないと思います。人件費の削減には、従業員のパート化とか、残業削減とか、変形労働時間制の採用とかいろいろなことを検討することも必要かと思われます。

　売上全体から出ていく経費の配分が、小規模企業では非常に重要な課題となってくると思います。その中で、世間相場型基本給を基本に考えれば、社長さんの会社の適正な人件費および人員も導きだされると思います。小規模企業はパート職員の有効活用がポイントであると思います。仮に社長さんが小売業だとします。人件費60万円で正社員3名より正社員1名でのこり4名パートで合計5名の人員でお店を始めるとすれば、お客からみれば、5名のお店が活気があって繁盛することは明白であると思います。ランチェスターの法則から考えれば、その力配分は3の二乗9と5の二乗25で、人員規模で約2倍の格差ではなく約3倍の格差になってくるという

55

ことを十分検討して、人材配置を決めるべきだと思います。
ここで、ランチェスターの法則をご存知ない方もおられると
思いますので、竹田先生の本から下記に簡単にまとめてみま
した。これでこの二乗の意味が理解できると思います。

ランチェスターの法則とは

（競争の法則、戦闘における力関係）

　第一法則　一騎打ち戦の法則

　　　（攻撃力＝兵力数（量）×武器性能（質））

　第二法則　間隔戦の法則

　　　（攻撃力＝兵力数の二乗（量）×武器性能（質））

二乗がポイント　兵力数10対 6 は100対36の攻撃力に、格差
　は広がり続ける

　一般的に第一法則は小規模企業の戦略、第二法則が大企業
がとる戦略と考えればわかりやすいのではないかと私は思い
ます。

　イギリス人のランチェスター先生が、戦闘における力関係
を考察して、技術雑誌に1914年に書いた記事からスタートし
てきました。今では、いろいろな場面や会社の経営の世界で
もこの競争の法則が活用されています。第一法則の戦略を活
用するか、第二法則の戦略を活用するかは、その競争相手と
の力関係を考えてその都度選択して実施すれば、最も効果的
な結果が期待できると私は思っています。その代表的な事例

第 5 章　社長の役員報酬や、各種保険の加入の選択

として歴史的にみれば、かつての戦国時代の若武者織田信長が、桶狭間の合戦で勝利したことは、皆さんご存知かと思います。この勝利の戦略がまさにランチェスターの法則の一騎打ち戦そのものではないかと私は思っています。相手方の今川義元の約 2 万 5 千の大群にたいして、信長は約 3 千の兵隊で、今川義元のちょっとした隙を狙って奇襲して勝利しています。もし、信長が第二法則の間隔戦の戦略で真正面から正面衝突して戦ったならば、完敗していたと思います。まさしく局地戦における一騎打ち戦の戦い方で勝利したともいえるのではないかと思います。そもそも織田信長はこのようなランチェスター法則など知る由もないと思います。しかし、彼は本能的な勘で自然とこの闘いの戦略を実行したのだと思います。

　賃金制度でこのランチェスターの法則を応用するならば下記のようになると私は思います。

　賃金制度＝（賃金制度の日常の運用・量の部分）の二乗×
　（賃金制度の賃金の決め方・質の部分）

と読み替えることができると思います。賃金制度そのものは会社のなかで、競合する制度がないので、第二法則の二乗効果をいかすことが、最大の効果を引き出すことになると私は思っています。また、賃金制度のなかでの、賃金の決め方や、賃金の支払い方、退職金の定め方など従業員と社長との競合関係になるので、いわゆる第一法則の一騎打ち戦（接近戦）

57

で対応することが、小規模企業では最大の効果を引き出す方法であると思っています。

> ### 5分ノート
>
> 　賃金制度の中に、役員報酬を含めて考えるかは、いろいろ議論もあると思われますが、会社の人件費のトータル的な視点からみれば必要であると思います。ランチェスターの法則を活用した、賃金制度の運用が、小規模企業では最も効果のある賃金制度になってくると思われます。

第6章

日常の賃金制度の運用

1 給与締め切りと支払日をいつにするか？
社長が一番偉くなれる日

　社長さん、今度は日常の賃金制度の運用について考えてみたいと思います。出版されている賃金の本には、このようなところには、ほとんど重点を置いておりません。

　ランチェスターの法則で考えるならば、賃金制度の運用は賃金の制度いわゆる（質）の部分より、いわゆる量の部分にあたる運用にウエイトをおいた戦略が最も効率的な賃金制度にするためには必要かと思います。そういう視点から、日常の賃金制度運用にスポットをあてて考えていきたいと思っています。

　社長さん、賃金の締切日について真剣に考えたことがあり

59

ますか。小規模企業であれば、よくあるパターンとして20日締めの25日払いというような会社があります。締め切りから支給日まで5日しかありませんので、土日が重なると実質3日間しかないことになります。かりに、50人ほどの会社であれば20日締め切り後の賃金計算は大変で、その他の仕事がおろそかになる可能性が十分あります。20日前後から、重要なその他の業務も多くなってきます。

一番重要なお客様対応がおろそかになるようであれば、支払日を翌月10日とかに検討する必要があると思います。

社長さん、毎月1回支払えば労働基準法違反にはなりませんので、仕事がタイトであれば変更をすべきです。

支払日もその他の経費の支払いと重複しないように設定するべきだと思っています。社長さんの会社はそこまでこだわって決めましたか？私は以前の顧問先の優秀な社長さんがお話しされたことが、今だに記憶に残っています。それは、「三村さん困ったらお客様目線で考えれば必ず解決策が出てくるよ」とお話しされておりましたが、その通りだと思いました。ところで給与支給日って会社経営の視点で考えるとどのような日か社長さん真剣に考えたことがありますか？おそらくないと思います。考えるという発想そのものもなかったと思われます。わたしは、この日を社長が会社で一番偉くなれる、また、見える、従業員に感謝される日がこの給与支給日だと思っています。私はこの日を、従業員がもっとやる気

60

第6章　日常の賃金制度の運用

の起きる日にできないか、もっと社長さんは考えてもいいのではないかと思います。

2 給与明細の工夫

社長さん、給与明細書のことを真剣に考えてみたことがありますか？最近はほとんどが市販の給与ソフトとかで自動印刷で、なにも考えずに処理されてきているのではないかと思います。確かに、自動計算されるので給与計算そのものはミスがなく処理できていると思います。それでもいいといえばいいのですが、私は工夫をされてみてもいいのではないかと思っています。たとえば大抵のソフトにはメッセージを記載できますので、社長さんのメッセージをいれる。

私の顧問先では毎回社長の直筆のメッセージを給与明細に添付して渡している社長さんがおられます。頭が下がります。御多分にもれず会社の業績も立派です。また、私は、社会保険料控除明細に会社負担分明細も記載できたらいいなといつも思っています。毎月毎月莫大な社会保険料を会社も負担しているということを明細書を通して訴えたいものです。また、私の提案としては、明細書に会社のスケジュール表を記載したらいいのではないかと思います。何故かというと、従業員の奥さんが給与明細書をみれば会社の動きがわかるし、夫が毎日どんな仕事をしているのかをイメージしてもら

61

うことが可能かと思います。社長さんとしては、普段お会い
することのない従業員さんの奥様を、会社のよき理解者にし
ていくための、ある意味ツールにもなってくると思います。
奥さんがよき理解者になれば、従業員さんが自宅で会社のこ
とを多少ぼやいても、「あなた、あんな立派な社長さんはめっ
たにいないんだから頑張ってくださいよ」とかで、きっと社
長さんの応援団になってくれるのではないかと思います。ま
た、やむなく解雇せざるをえないような時、日頃から社長さ
んのことを理解していれば、「あなたの会社はなんてひどい
会社、不当解雇だ」とはいきなり言わないのではないかと思
います。小規模企業は従業員さんの労務管理という面でみれ
ば、ランチェスター法則の一騎打ち戦の戦い方になると思い
ますので、明細書などもいろいろな思いつく工夫をされてや
られることをお勧めします。明細書のサンプルを次頁に記載
しましたので、ご参考になれば幸いです。

62

第6章 日常の賃金制度の運用

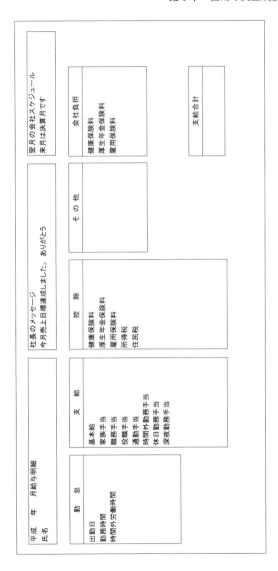

3 給与は直接現金払いか、銀行振り込みか

　社長さん、毎月賃金は直接現金払いですか銀行振込ですか？おそらく何気なく銀行振込が当たり前のように考えられていると思います。本来は労働基準法にもあるように直接現金払いが原則です。労働基準法では、労使協定により直接現金払いでなくて銀行振込が認められているのです。意外ですよね。私は小規模企業の社長さんであれば、従業員に対して毎月直接現金で、一言ねぎらいの言葉とともに渡されることをお勧めします。私が、35年ほど前日本生命にいたころは、給料は毎月現金による直接払いでした。私が担当していた営業所の職員で日本で数本の指にはいるトップセールスレディがおりましたが、当時のことが今でもまざまざと思いだします。当時彼女たちは毎月給料100万円から200万円の範囲で毎月渡していたことを思い出します。なんと札束で給料袋は机に立ったものです。やはり、彼女たちが中身の現金を数えている姿というのは、なんともいえない素晴らしさを感じたものです。これが銀行振込で明細書一枚であれば、彼女たちはあれほど給料日に感動はしなかったと思います。現金（福沢諭吉）には不思議な魅力があります。見ているだけで豊かな感情を起こさせます。仮に、20万円の給料を現金で20枚数えるのと、明細書に20万円と印字があるのとでは、私はその効果は月とすっぽんほどの差が起きてくるのではないかと思い

第6章 日常の賃金制度の運用

ます。このように現金で支給することで、従業員さんも自宅に帰って奥様に現金で手渡しすることになれば、奥様もいくらかでもご主人に頑張ってくれてありがとうという、感謝の気持ちがおきてくるのではないかと思います。また、逆に他社への転職を考えても奥様が逆に反対してくれるかもしれません。それを見ているお子様もお父さんが頑張ってくれているから、ごはんが食べられるのだという気持ちをいくらかでももってもらえるようになるのではないかと思います。いかがですか、このようなことを通して社長さんに感謝の気持ちをいくらかでも持ってもらえたらいいと思いませんか？お互いがウインウインにもっとも近づく日が、給与支給日かと私は考えています。

　このような日常の何気ない気配りができるのも小規模零細企業ならではです。大手企業であれば給与は銀行振込が当たり前です。このような小回りの利いた対応はできません。

4 賞与の支払い方

　社長さん、次は賞与の支払い方を考えてみたいと思います。賞与は就業規則で何か月分支給すると定めなければ支払わなくても OK です。リーマンショック後うちの顧問先でも賞与支給ゼロの会社も結構ありました。ですから社長さんどのように支払うか、支払う月、支払う額、個人ごとに業績

65

に応じて支払うなど自由に決めることができます。最近、300人ほどの不動産関係の会社で、従業員さんからお話を聞きましたら、この会社は退職金なし、賞与なしの会社であるとのことでした。その徹底ぶりには関心しました。なんとその会社は上場企業です。小規模企業では、賞与はどう考えるか？小規模企業だから賞与はなし、小規模企業だからこそ賞与はいくらか支払うのか。わたくしの知る限り小規模企業でもいくらか支給されていると思います。支給額は役所や大企業のように多くはありませんが、20万円から30万円前後が多いように思われます。パートさんで5万円から10万円が多いような気がします。いかがでしょうか？私が勤務していた日本生命ではその多くの社員が100万円以上支給されていたように記憶しています。今現在どうかわかりませんが、大企業の賞与は中小の2倍から3倍が相場ではないかと思います。ですから社長さん新聞に夏の賞与80万円とか記事がでてもそれは、役所か大企業であり、新聞報道の数字は小規模企業とは全然ちがうと認識してください。私は年収ベースで考えれば上場企業と小規模企業の格差年収は約2倍から3倍あるのではないかと思っています。ですから、社長さん世間相場連動型基本給という概念を頭にいれて、自社の賃金の位置づけをしっかり考えていただきたいと思っています。賞与の支給もズバリ毎月の賃金と同様直接現金で渡すことをお勧めします。上場企業のように従業員さんが多くないのですから、上

66

第6章　日常の賃金制度の運用

場企業以上に声掛けなどを通して直接お渡しすることをお勧めします。

　ご参考になるかどうかわかりませんが、私の顧問先でなかなかユニークな女性社長がおられます。その社長は、ボーナスを十分渡せないので、なんと、1万円を千円札（野口英世）にして現金で渡しているそうです。現物を拝見しましたが、給与袋がはち切れんばかりでした。さすが、女性の感性は違うものだと感心したものです。

　そして、小規模企業の社長さんは従業員さんに賃金を支払う際に、現金の代わりになる、声かけとか、今日飲みに行こうかとか、別の言い方をすれば感謝の小切手をその代りいっぱい切ってあげるべきだと思っています。社長さん声掛けはいくらしても経費はかかりません。以上この章ではランチェスター法則の一騎打ち戦の戦い方の賃金制度の運用面について、わたしなりに述べてきました。

　もう一点、賃金の支給の具体的運用のなかで、小規模企業の社長さんに、うちの事務所ではいつも顧問先にお願いしていることを紹介したいと思います。給料を十分渡せないなら、「社長さんの心の報酬」をいっぱい渡してほしいとお願いしています。どこの社長さんでも、従業員さんには給料をできるだけ渡したいと思っていると思います。せめてこの本のテーマである、世間相場ぐらいはと思っていると思います。しかしながら、現実にはなかなか思うようにいかないのが、

67

現実ではないかと思います。格好つけて大企業のような賃金を支払い続ければ経営はたいへん厳しいものになってくるかもしれません。ですから社長さん、世間相場より自社の賃金が低いと思われるなら、愛情いっぱい「社長さんの心の報酬」をあたえたらいいのではないかと思います。いくら与えても経費はかかりません。社長さん考えてもみてくだい。マズローの5段階欲求説の箇所でもお話しているかと思いますが、賃金さえよければ人は満足するかというと、そんなこともないと思います。わたしは、人が働いて得られる本当の報酬は、次の五つがあると思います。

①感動（お客様からありがとうと言って感動してもらうこと）

②お金（豊かな生活をするため、昇給・昇格などの賃金により高く評価されること）

③成長（去年よりも今年の自分が大きく成長していると実感すること）

④信頼（この仕事を通して、お客様に、同僚に高く評価されていると感じること）

⑤愛情（社長さんの会社で働くことで得られる、社長さんの従業員さんへの愛情・絆）

このように考えると、毎月の賃金は、働いて得られる報酬の一部でしかないのではないかと思えなくもないと思います。社長さん前記のお金以外の報酬が従業員さんに得られていたでしょうか？もし、あまりないと思われた社長さんであ

第6章　日常の賃金制度の運用

れば、明日からでもすぐにできることです。経費のあまりかからない、「社長さんの心の報酬」を従業員さんにいっぱい渡す工夫をされたらいかがかと思います。

　働き方改革により、このような視点での取組みは、益々小規模企業では非常に重要になってくるのではないか思います。

5分ノート

　給与締め切りとか、明細書の工夫とか、給与の支払い方とか、賃金制度の運用面はあまり、議論されませんが、非常に重要な戦略ですので、社長さんがいろいろ工夫されて取組みされることをお勧めします。

69

第7章

基本給の年代別のポイント

1 20代の賃金

　賃金統計には、国税庁が毎年発表している「民間給与実態統計調査」や商工会議所が発表しているデータなど、無料で調べられるデータがあります。

　その中で私が注目しているのは、厚生労働省が、1948年以来毎年実施している、「賃金構造基本統計調査」（以後この本では賃金センサスと表現します）で、今回の本の世間相場連動型基本給ではこれを活用したいと思います。毎年これだけの賃金データを調査発表している国は、おそらく日本以外にはないと思います。日本の国民性があるから、これだけのデータが集められるのだと思います。社長さん、もういちどヤフーで「賃金構造基本統計調査・政府統計の総合窓口」と

第7章　基本給の年代別のポイント

入力して見ていただければ、その膨大なデータに驚かれると思います。ネットで検索する時に、賃金構造基本統計調査または、賃金センサスで入力すると、沢山でてきて紛らわしいので、「賃金構造基本統計調査・政府統計の総合窓口」と入力していただければ、次のようなヤフー画面が出てきて、それをさらにクリックしていけば、政府統計の総合窓口にすぐ到達します。この画面が出てくればこの本で活用のデータ等に簡単にアクセスできます。素人目にはどうせ、上場企業のデータしかないのではないかと思いがちですが、県別・従業員数別（10人以上100以上1,000人以上など）に年齢別の賃金や職種別の賃金・賞与・年収など豊富なデータが提供されています。業種別につきましては、次頁の産業一覧表の内容の業種が掲載されていますので、日本のほとんどの業種が対象になると思います。

　このような、広範囲職種のデータが公表されており、しかもアメリカのように有料ではなく、無料でいつでも閲覧できる状態になっています。このデータのなかに、全国平均ではありますが、5人以上10人未満の業種別の年齢別賃金・賞与のデータが公表されており、そのサンプル数も数万単位でありますので、十分納得のできる資料であるのではないかと思っています。もちろん、これ以上に素晴らしいデータがあれば、それを活用すればいいと思います。

　例えば、ネットで開くと産業計のケースですと74頁のよう

71

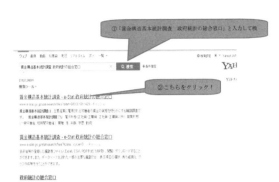

第7章　基本給の年代別のポイント

集計産業一覧表

産　　　　　業　　　　　　計
C 鉱業、採石業、砂利採取業
D 建　　　　設　　　　　業
　　D 06 総　　合　　工　　事　　業
　　D 07 職別工事業（設備工事業を除く）
　　D 08 設　　備　　工　　事　　業
E 製　　　　造　　　　　業
　　E 09 食　料　品　製　造　業
　＊E 10 飲料・たばこ・飼料製造業
　　E 11 繊　　維　　工　　　業
　＊E 12 木材・木製品製造業（家具を除く）
　＊E 13 家具・装備品製造業
　　E 14 パルプ・紙・紙加工品製造業
　　E 15 印　刷・同　関　連　業
　　E 16 化　　学　　工　　業
　＊E 17 石油製品・石炭製品製造業
　　E 18 プラスチック製品製造業（別掲を除く）
　＊E 19 ゴ　ム　製　品　製　造　業
　＊E 20 なめし革・同製品・毛皮製造業
　　E 21 窯業・土石製品製造業
　　E 22 鉄　　　鋼　　　業
　　E 23 非　鉄　金　属　製　造　業
　　E 24 金　属　製　品　製　造　業
　　E 25 はん用機械器具製造業
　　E 26 生産用機械器具製造業
　　E 27 業務用機械器具製造業
　　E 28 電子部品・デバイス・電子回路製造業
　　E 29 電気機械器具製造業
　　E 30 情報通信機械器具製造業
　　E 31 輸送用機械器具製造業
　　E 32 そ　の　他　の　製　造　業
F 電気・ガス・熱供給・水道業
　　F 33 電　　　気　　　業
　＊F 34 ガ　　　　ス　　　　業
　＊F 35 熱　　供　　給　　業
　＊F 36 水　　　道　　　業
G 情　　報　　通　　信　　業
　＊G 37 通　　　信　　　業
　＊G 38 放　　　送　　　業
　＊G 39 情　報　サ　ー　ビ　ス　業
　＊G 40 インターネット附随サービス業
　　G 41 映像・音声・文字情報制作業
H 運　　輸　　業、郵　　便　　業
　　H 42 鉄　　　道　　　業
　　H 43 道　路　旅　客　運　送　業
　　H 44 道　路　貨　物　運　送　業
　＊H 45 水　　　運　　　業
　＊H 46 航　空　運　輸　業
　＊H 47 倉　　　庫　　　業
　　H 48 運輸に附帯するサービス業
　＊H 49 郵便業（信書便事業を含む）
I 卸　　売　　業、小　　売　　業
　I 50〜55 卸　　　　売　　　　業
　　I 50 各　種　商　品　卸　売　業
　　I 51 繊　維・衣　服　等　卸　売　業
　　I 52 飲　食　料　品　卸　売　業
　　I 53 建築材料、鉱物・金属材料等卸売業
　　I 54 機　械　器　具　卸　売　業
　　I 55 そ　の　他　の　卸　売　業

　I 56〜61 小　　　　売　　　　業
　　I 56 各　種　商　品　小　売　業
　＊I 57 織物・衣服・身の回り品小売業
　　I 58 飲　食　料　品　小　売　業
　　I 59 機　械　器　具　小　売　業
　　I 60 そ　の　他　の　小　売　業
　＊I 61 無　店　舗　小　売　業
J 金　　融　　業、保　　険　　業
　　J 62 銀　　　　行　　　　業
　　J 63 協　同　組　織　金　融　業
　＊J 64 貸金業、クレジットカード業等非預金信用機関
　＊J 65 金融商品取引業、商品先物取引業
　＊J 66 補　助　的　金　融　業　等
　　J 67 保険業（保険媒介代理業、保険サービス業を含む）
K 不　動　産　業、物　品　賃　貸　業
　＊K 68 不　動　産　取　引　業
　　K 69 不動産賃貸業・管理業
　＊K 70 物　品　賃　貸　業
L 学術研究、専門・技術サービス業
　　L 71 学術・開発研究機関
　　L 72 専門サービス業（他に分類されないもの）
　＊L 73 広　　　　告　　　　業
　　L 74 技術サービス業（他に分類されないもの）
M 宿　泊　業、飲　食　サ　ー　ビ　ス　業
　　M 75 宿　　　泊　　　業
　　M 76 飲　　食　　店
　＊M 77 持ち帰り・配達飲食サービス業
N 生活関連サービス業、娯楽業
　　N 78 洗濯・理容・美容・浴場業
　　N 79 その他の生活関連サービス業
　　N 80 娯　　　楽　　　業
O 教　　育、学　習　支　援　業
　　O 81 学　　校　　教　　育
　　O 82 その他の教育、学習支援業
P 医　　療、福　　祉
　　P 83 医　　　療　　　業
　＊P 84 保　　健　　衛　　生
　＊P 85 社会保険・社会福祉・介護事業
Q 複　合　サ　ー　ビ　ス　事　業
　＊Q 86 郵　　便　　局
　　Q 87 協同組合（他に分類されないもの）
R サービス業（他に分類されないもの）
　　R 88 廃　棄　物　処　理　業
　＊R 89 自　動　車　整　備　業
　　R 90 機械等修理業（別掲を除く）
　　R 91 職業紹介・労働者派遣業
　　R 92 その他の事業サービス業
　＊R 93 政　治・経　済・文　化　団　体
　＊R 94 宗　　　教
　＊R 95 そ　の　他　の　サ　ー　ビ　ス　業
産　　業　　計（民・公営計）
F 電気・ガス・熱供給・水道業（民・公営計）
　＊F 33 電　気　業（民・公営計）
　＊F 34 ガ　ス　業（民・公営計）
　＊F 36 水　道　業（民・公営計）
H 運　輸　業、郵　便　業（民・公営計）
　＊H 42 鉄　道　業（民・公営計）
　＊H 43 道路旅客運送業（民・公営計）

73

平成20年 賃金構造基本統計調査
(5～9人) 第1表 年齢階級別きまって支給する現金給与額、所定内給与額及び年間賞与その他の給与額（企業規模5～9人）

区　分	男								女							
	年齢	勤続年数	所定内実労働時間	超過実労働時間	きまって支給する現金給与額	所定内給与額	年間賞与その他の給与額	労働者数	年齢	勤続年数	所定内実労働時間	超過実労働時間	きまって支給する現金給与額	所定内給与額	年間賞与その他の給与額	労働者数
	歳	年	時間	時間	千円	千円	千円	十人	歳	年	時間	時間	千円	千円	千円	十人
学　歴　計	46.3	12.4	175	9	302.9	287.6	416.0	64 271	43.7	10.2	168	5	227.5	220.5	422.5	38 135
～19歳	18.9	0.4	169	13	199.1	184.9	65.7	399	18.8	0.8	173	5	163.5	159.4	23.7	146
20～24歳	22.8	2.4	176	10	217.7	204.4	224.6	2 548	22.9	1.9	169	5	191.5	184.8	191.5	2 560
25～29歳	27.6	3.9	176	10	244.6	229.1	330.3	4 152	27.3	3.7	169	5	209.0	201.4	345.0	3 981
30～34歳	32.6	6.2	176	10	273.8	258.0	429.9	6 503	32.1	6.2	169	6	221.6	213.0	442.9	3 790
35～39歳	37.7	8.8	176	9	300.8	283.8	515.8	7 681	37.5	7.4	169	4	222.3	216.6	482.8	4 268
40～44歳	42.5	11.6	177	10	324.1	306.2	519.3	9 707	42.9	9.5	167	5	233.0	226.0	471.2	5 730
45～49歳	47.5	13.1	176	10	342.2	322.9	470.8	9 340	47.4	10.4	169	4	237.7	231.2	446.2	5 169
50～54歳	52.6	14.8	175	9	338.6	319.0	428.7	6 700	52.3	13.2	167	4	244.7	237.3	511.8	4 700
55～59歳	57.5	16.7	174	7	324.3	311.6	423.4	5 994	57.5	16.0	167	4	247.2	239.6	492.6	3 758
60～64歳	62.4	17.9	173	6	310.7	299.3	342.8	5 459	62.3	18.8	167	5	236.4	229.4	371.4	1 923
65～69歳	67.3	21.9	171	5	266.9	258.9	259.2	4 036	67.3	20.9	169	5	213.0	205.7	238.7	1 413
70歳～	73.9	23.7	168	3	238.0	233.7	148.9	1 753	74.5	29.6	169	5	213.8	207.7	287.2	598

第7章　基本給の年代別のポイント

なデータ（平成29年度版活用）が出てきます。産業計はさき
ほどの一覧表にあるように日本のほとんどの業種が含まれて
います。国会で統計調査の実態が問題になりましたが、500
名未満のデータは影響がないので、今回のサンプルとしての
修正は考える必要はないと思います。いずれにしても今回掲
載のデータは約100万人のデータであり、これだけのデータ
はその他の機関では集められないデータではないかと思いま
す。

　いかがでしょうか？この表のように年齢別賃金、賞与など
がよくわかります。また、労務管理としては残業時間数や残
業を含んだ賃金などのデータもわかるということです。日本
にはこんな素晴らしい資料データがあったのです。これを活
用しない手はないと思います。このデータをご覧いただけれ
ばわかりますが、男女別、年齢別、高校・大学などの学歴別
などに、データが細分化されています。この本では、学歴別
ではなくその総合の学歴計のデータを活用したいと思いま
す。この本に紹介のデータも男女計で約100万人のサンプル
データですので、データとしてもかなり信頼性が高いもので
あると思います。巻末の資料にその他の代表的な業種の年齢
別・男女別・学歴計のデータを掲載しましたので、参考にし
ていただければ、社長さんの業種の賃金水準がある程度見え
てくると思います。民間の企業で100万人近いデータを集計
するのは大変難しいのではないかと思っています。

75

但し、賃金センサスほどデータ量はありませんが、私の知る限り民間でも有料にはなりますが、産労総合研究所さんの集計された賃金データや、私が入塾している塾長である、名古屋の北見昌朗先生が代表である北見式賃金研究所では、独自の賃金データを集め集計されています。その内容は「ズバリ！実在賃金」として、首都圏版・関西版・愛知県版などの独自の約１万人のデータがあり、小規模企業だけを対象としてはいませんが、従業員300人未満の事業所では大変参考になると思います。

　次に、このデータでは各年齢ごとの賃金がわかりにくいので、年齢差ごとに比例計算して年齢ごとに修正した表が次頁の内容になります。

　この表の中で、決まって支給する現金給与額とは、労働契約、労働協約あるいは事業所の就業規則などによってあらかじめ定められている支給条件、算定方法によって１月分として支給された現金給与額になります。現金給与額には、基本給、職務手当、精皆勤手当、通勤手当、家族手当などが含まれるほか、超過労働給与額も含まれています。次に所定内給与額とは、決まって支給する現金給与額のうち、超過労働給与額を差し引いた額、いわゆる残業代を除いた額ということになります。簡単にいえば、決まって支給する現金給与額が残業代を含む支給総額、所定内給与額がそこから残業代を控除した額であると考えれば理解しやすいのではないかと思い

第7章　基本給の年代別のポイント

（年齢別賃金集計表）

年齢	男			女		
	決って支給する現金給与額（比例按分）	所定内給与額（比例按分）	年間賞与その他特別給与額（比例按分）	決って支給する現金給与額（比例按分）	所定内給与額（比例按分）	年間賞与その他特別給与額（比例按分）
	千円	千円	千円	千円	千円	千円
19歳	199.1	184.9	65.7	163.5	159.4	23.7
20歳	203.8	189.8	105.4	170.5	165.8	65.7
21歳	208.4	194.7	145.2	177.5	172.1	107.7
22歳	213.1	199.5	184.9	184.5	178.5	149.6
23歳	217.7	204.4	224.6	191.5	184.8	191.6
24歳	223.1	209.3	245.7	195.9	189.0	230.0
25歳	228.5	214.3	266.9	200.3	193.1	268.3
26歳	233.8	219.2	288.0	204.6	197.3	306.7
27歳	239.2	224.1	309.2	209.0	201.4	345.0
28歳	244.6	229.1	330.3	211.1	203.3	361.3
29歳	250.4	234.9	350.2	213.2	205.3	377.6
30歳	256.3	240.7	370.1	215.3	207.2	394.0
31歳	262.1	246.4	390.1	217.4	209.1	410.3
32歳	268.0	252.2	410.0	219.5	211.1	426.6
33歳	273.8	258.0	429.9	221.6	213.0	442.9
34歳	279.2	263.2	447.1	221.7	213.7	450.8
35歳	284.6	268.3	464.2	221.9	214.4	458.7
36歳	290.0	273.5	481.4	222.0	215.2	466.5
37歳	295.4	278.6	498.6	222.2	215.9	474.4
38歳	300.8	283.8	515.8	222.3	216.6	482.3
39歳	305.5	288.3	516.5	224.4	218.5	480.1
40歳	310.1	292.8	517.2	226.6	220.4	477.9
41歳	314.8	297.2	517.9	228.7	222.2	475.7
42歳	319.4	301.7	518.6	230.9	224.1	473.4
43歳	324.1	306.2	519.3	233.0	226.0	471.2
44歳	327.7	309.5	509.6	234.2	227.3	465.0
45歳	331.3	312.9	499.9	235.3	228.6	458.7
46歳	335.0	316.2	490.2	236.5	229.9	452.5
47歳	338.6	319.6	480.5	237.7	231.2	446.2
48歳	342.2	322.9	470.8	239.1	232.4	459.3
49歳	340.9	322.1	461.8	240.5	233.6	472.4
50歳	339.6	321.3	452.8	241.9	234.9	485.6
51歳	338.2	320.6	443.7	243.3	236.1	498.7
52歳	336.9	319.8	434.7	244.7	237.3	511.8
53歳	335.6	319.0	425.7	245.1	237.7	508.6
54歳	336.9	317.5	425.2	245.5	238.1	505.4
55歳	338.3	316.0	424.8	246.0	238.5	502.2
56歳	339.6	314.6	424.3	246.4	238.8	499.0
57歳	341.0	313.1	423.9	246.8	239.2	495.8
58歳	324.3	311.6	423.4	247.2	239.6	492.6
59歳	320.9	308.5	403.2	244.5	237.1	462.3
60歳	317.5	305.4	383.1	241.8	234.5	432.0
61歳	314.1	302.4	363.0	239.1	232.0	401.7
62歳	310.7	299.3	342.8	236.4	229.4	371.4
63歳	301.9	291.2	326.1	231.0	224.7	344.9
64歳	293.2	283.1	309.4	225.6	219.9	318.3
65歳	284.4	275.1	292.6	220.1	215.2	291.8
66歳	275.7	267.0	276.0	214.7	210.4	265.2
67歳	266.9	258.9	259.2	209.3	205.7	238.7
68歳	262.8	255.3	243.4	209.9	206.0	244.8
69歳	258.6	251.7	227.7	210.4	206.2	250.8
70歳	254.5	248.1	211.9	211.0	206.5	256.9
71歳	250.4	244.5	196.2	211.6	206.7	263.0
72歳	246.3	240.9	180.4	212.1	207.0	269.0
73歳	242.1	237.3	164.7	212.7	207.2	275.1
74歳	238.0	233.7	148.9	213.2	207.5	281.1
75歳	233.9	230.1	133.1	213.8	207.7	287.2

77

ます。年間賞与その他特別給与額とは、昨年一年間における賞与、期末手当等特別給与額であり、いわゆるボーナスです。

　修正した表をみていただければ、一目で賃金の水準がわかります。

　最初この修正データの20代部分をとりだして、20代の賃金について考えてみたいと思います。

20代の賃金
（産　業　計）

年　　齢		19	20	21	22	23	24	25	26	27	28	29
所定内給与額	（男）	184.9	189.8	194.7	199.5	204.4	209.3	214.3	219.2	224.1	229.1	234.9
	（女）	159.4	165.8	172.1	178.5	184.8	189.0	193.1	197.3	201.4	203.3	205.3
賞　与	（男）	65.7	105.4	145.2	184.9	224.6	245.7	266.9	288.0	309.2	330.3	350.2
	（女）	23.7	65.7	107.7	149.6	191.6	230.0	268.3	306.7	345.0	361.3	377.6
年　収	（男）	2284.5	2383.0	2481.6	2578.9	2677.4	2757.3	2838.5	2918.4	2998.4	3079.5	3169.0
	（女）	1936.5	2055.3	2172.9	2291.6	2409.2	2498.0	2585.5	2674.3	2761.8	2800.9	2841.2

氏　名												
基　本　給												
職務手当												
役職手当												
通勤手当												
手　当												
計												
賞　与												
年　収												

昇給ピッチ	（男）	19歳〜23歳（毎年4.9千円）			23歳〜28歳（毎年4.9千円）			28歳〜33歳（毎年5.8千円）		
	（女）	19歳〜23歳（毎年6.4千円）			23歳〜27歳（毎年4.2千円）			27歳〜33歳（毎年1.9千円）		

　この表で20代の賃金の毎年の昇給額が記載されていますが、これはデータから23.1歳を23歳、27.5歳を28歳の賃金と読み替えて、各年代別に比例按分して計算してあります。やや乱暴かもしれませんが、多くの賃金の本のように、ピッチ

78

第7章　基本給の年代別のポイント

を各等級資格別に毎年いくらにするかといった議論で、複雑に考えず、過去のデータから毎年の昇給ピッチを決定するというように考えれば意外と簡単です。このことで悩む必要はなくなります。また、世間相場を基準に考えれば、従業員さんに、賃金の話をする際に説明しやすくなると思います。一般的に賃金は基本給から手当をプラスして決定していきますが、世間相場連動型基本給では、逆に世間相場が先にありきで、その水準から手当・基本給を決めていくという、スタイルをとります。あくまでも、賃金の目安であり、世間相場の賃金に合わせなければならないということでもありません。これを参考にしながら、最終的には社長さんに決定していただくことになると思います。高い報酬を支払って賃金コンサルタントに依頼する必要もなくなります。

　次に社長さん、小規模企業には新卒を雇用することは、なかなか難しいと思います。そのほとんどが、中途採用の形になると思います。このことを逆に考えれば、中途採用の多い小規模企業では、職能資格制度のような賃金表は活用しにくくなってくることになります。そこで、私の提案としては、今回の提案の20歳代の賃金水準を参考にしていただき、26歳の人を雇用しようと考えるのであれば、その経験年数を勘案して、表の賃金額から1万から2万の範囲で基本給をダウンして決め、入社の面談のなかで、社長が認める水準まで仕事ができるようになれば、この26歳の賃金に昇給するからと

79

いった会話で採用したらどうかと思います。社長さんも自社の賃金の業界の平均がある程度イメージできるので、自信をもって賃金の決定ができるようになると思います。

　いかがですか、毎年の昇給は、表のようにしていくわけですが、あまりにも仕事の評価が悪い従業員の時は下記のような評価項目で、決めて対応してもいいのではないかと思います。

人事評価項目

●業績評価

●プロセス評価

●勤怠評価

　評価　A　よくできた

　評価　B　普通

　評価　C　一層の努力が必要

　基本的には毎年昇給して、賞与で評価

　ここの部分は深く考えればキリがないと思います。

　意外なことですが、私の経験では比較的業績のいい会社ほど年功序列のタイプの会社が多いような気がします。もちろんこれは参考ですので社長さんの独自の考えがあればそれでいいと思います。この人事評価も深く考えるとキリがありません。何冊かの人事評価の本を読んで勉強しても、小規模企業では、社長が毎日目の届く範囲内で仕事をしているのです

80

第7章　基本給の年代別のポイント

から、難しい理論は抜きで、社長さんがこの従業員は頑張っていると思えばそれが評価でいいのではないかと思います。私は、30名未満の小規模企業では、人事評価および賃金制度は、がちがちの規程にしないで、ある程度ラフな感じで制度化すればいいと思います。社会の急激な変化に対応していかないと、小規模企業は倒産です。規程に縛られていては、経営が立ちゆかなくなると思います。ある程度、経営状況の変化により基本給なども増減できるように、社長さんの裁量の世界は必要だと思います。おそらく、賃金制度の本でこんなことを書いていいのかどうか迷いましたが、わたくしは間違いではないと思っています。

　もう一つ考えておかなければならない視点として、今回活用のデータは1年前のデータであるということです。ですから、社長さん、昨年より世の中の景気が新聞報道等で上向いているとしたら、参考データに若干賃金を上乗せして支給するということも考えなければならないと思います。

　社長さんわたくしの提案する世間相場連動型基本給制度はいかがですか？これだったら社長さんご自分で比較的簡単に賃金を決定できると思われませんでしたか？

　一つ具体例で24歳の雇用のかたの賃金決定をシュミレーションしてみましょう。

81

事例　24歳男性　独身　経験 2 年程度

20代の賃金計算表
（産　業　計）

年　　齢		19	20	21	22	23	24	25	26	27	28	29
所定内給与額	（男）	184.9	189.8	194.7	199.5	204.4	209.3	214.3	219.2	224.1	229.1	234.9
	（女）	159.4	165.8	172.1	178.5	184.8	189.0	193.1	197.3	201.4	203.3	205.3
賞　　与	（男）	65.7	105.4	145.2	184.9	224.6	245.7	266.9	288.0	309.2	330.3	350.2
	（女）	23.7	65.7	107.7	149.6	191.6	230.0	268.3	306.7	345.0	361.3	377.6
年　　収	（男）	2284.5	2383.0	2481.6	2578.9	2677.4	2757.3	2838.5	2918.4	2998.4	3079.5	3169.0
	（女）	1936.5	2055.3	2172.9	2291.6	2409.2	2498.0	2585.5	2674.3	2761.8	2800.9	2841.2

氏　　名	賃金きめた		
基 本 給	210,000		
職務手当	0		
役職手当	0		
通勤手当	7,100		
手　当	0		
計	217,100		
賞　与	245,700		
年　収	2,850,900		

昇給ピッチ	（男）	23歳～28歳（毎年4.9千円）	19歳～23歳（毎年4.9千円）	28歳～33歳（毎年5.8千円）
	（女）	19歳～23歳（毎年6.4千円）	23歳～27歳（毎年4.2千円）	27歳～33歳（毎年1.9千円）

　この20代の賃金計算表をじっくりみていただきたいと思います。経験年数 2 年ということと面接した社長さんの判断で、24歳の目安となる所定内給与209,300円をじっくりみていただき、最初に交通費を決めていただきます。マイカーで、通勤距離片道10キロで税法上非課税限度額の基準内できめるのであれば、例えば7,100円と決めますが、今日の人手不足もあり、是非採用したいとの思いから世間相場連動型の基本給より多少とも高くするということで、交通費7,100円・基本給210,000円で支給総額217,100円の給与に決定する。このよう

第7章　基本給の年代別のポイント

な感覚で給与を決定していただいていいのではないかと思います。表の賞与は世間相場の賞与額をとりあえず設定してあります。

　いかがですか。簡単ですね、これでいいんです。ここで重要なのは、この賃金表を社長さんがじっとみて、この従業員さんのことをしっかり考えてもらいたいのです。この給料で、この年収でこの賞与で、自分の会社の従業員さんの家族のことを頭に思い描きながら、もっと給料をアップしてやらないといけないとか、昇給すべきでないかとか、じっくり考えて欲しいということです。とかく賃金というと、月額の給料しか頭にイメージがわきませんが、社長さんであれば従業員の年収ぐらいしっかり言えるようにしていただきたいと思います。人間書くという行動は非常に重要です。無意識のうちに、脳細胞に記憶されるものです。よく昔から成功したければ紙に書いて常に持ってあるきなさいとかいわれますが、その通りだと思います。社長さんが従業員に30万円出してやろうと決意してこの賃金表に書き込めば、そのように人間の細胞は行動していくのではないかと思っています。アメリカのジャーナリスト、ノーマン・カズンズ博士はこう述べています。「人間の脳の百五十億個の神経細胞が、考えや希望や心構えを化学物質に変えるほど驚異的なものはない」（松田銑訳人間の選択角川選書）そうです、社長さん私はこうやる

83

と腹を決めることが大変重要だと思います。そしてそれに連動して会社の売上もその賃金が支払える会社に変化していくと思います。いかがでしょうか？ですから私はあえて社長さんにこの本の賃金表に従業員さんの賃金を記入して、しっかり従業員さんの人生を考えるきっかけにもなればと思っています。

社長さんが賃金計算表をみて心に思っていただきたいことを下記にまとめました。

社長さんが心に思っていただきたいこと

「賃金決定における社長の心の誓5か条」
その1　この賃金は適正か
その2　この従業員の家族状況は理解しているか
その3　この従業員を真剣に育ててきたか
その4　この従業員の長所と短所は理解しているか
その5　本当にこの従業員をこの会社にきて良かったと思ってもらえるように努力をしてきたか

いかがでしょうか？このような問いかけは必ず従業員さんの心に届くものです。そしたら、従業員さんは育っていくの

第7章　基本給の年代別のポイント

ではないかと思います。

　小規模企業だからこそ、このような社長の思いは、普段一緒に仕事をしているわけですから、必ず感じとると思います。

　また、この本の特徴として、従業員数名の会社であれば、この一冊で賃金額を社長さんの考えで決めていただき、次にその金額をこの本に記載し、毎年の賃金も隣の欄に記載することで、社長さんの賃金台帳、またはマニュアルとしてご活用いただけるものと思っています。ご多忙な社長さんが、賃金を決めるのに、その他いろいろ調べているほどの時間が小規模企業の社長さんの場合はないと思われます。

2　30代の賃金

　社長さん、今度は30代の賃金を考えてみたいと思います。30代は次頁のような賃金相場になります。但し、この表の所定内給与のデータは時間外の手当いわゆる残業代が含まれていません、従って年収等はこの表のデータより若干多くなると思います。きまって支給する現金給与額のデータをみていただければ、どれくらい残業時間があり残業代込で賃金がいくらになるかも載っていますので、参考にしていただきたいと思います。

85

30代の賃金計算表
（産　業　計）

年　　齢		30	31	32	33	34	35	36	37	38	39
所定内給与額	（男）	240.7	246.4	252.2	258.0	263.2	268.3	273.5	278.6	283.8	288.3
	（女）	207.2	209.1	211.1	213.0	213.7	214.4	215.2	215.9	216.6	218.5
賞　与	（男）	370.1	390.1	410.0	429.9	447.1	464.2	481.4	498.6	515.8	516.5
	（女）	394.0	410.3	426.6	442.9	450.8	458.7	466.5	474.7	482.3	480.1
年　収	（男）	3258.5	3346.9	3436.4	3525.9	3605.5	3683.8	3763.4	3841.8	3921.4	3976.1
	（女）	2880.4	2919.5	2959.8	2998.9	3015.2	3031.5	3048.9	3065.5	3081.5	3102.1

氏　　名											
基　本　給											
職務手当											
役職手当											
通勤手当											
手当											
計											
賞　与											
年　収											

昇給ピッチ	（男）	28歳～33歳(毎年5.8千円)			33歳～38歳(毎年5.2千円)			38歳～43歳(毎年4.5千円)			
	（女）	38歳～43歳(毎年1.9千円)			33歳～38歳(毎年0.6千円)			27歳～33歳(毎年1.9千円)			

　30代は結婚もし、小さな子供さんも抱えている場合が多い年代です。仕事もある程度自分でこなすこともできるようになり、会社としても非常に期待する年代でもあると思われます。ただ、気になるのは業種により賃金の格差が大きく目立ってくるのもこの30代からではないかと思います。この本で紹介している産業計では、30代ではまだ30万円代の賃金水準に達していないというのが実態です。これを多いとみるか少ないとみるかは、社長さんによってこれまでの人生経験によって違ってくると思います。ただ、重要なのは、この本の賃金提案のポイントは、同業他社との賃金相場を考えるとい

うことです。

　新しく入社する人は、経験者もいるし、この業種が初めての方もいると思います。従業員さんはどこともなく、同業他社の従業員の賃金についてはわかってくるものです。もとより、基本的にどこの会社の従業員さんも自分の会社の賃金は低いと言います。

　しかし、社長さんが、それに対して明確な判断基準がなければ、そうかなと思ってしまいます。それではあまりにも社長さんがかわいそうです。小規模企業では社長さんも同じように業務をこなしてきていると思います。そして場合によっては、自分の役員報酬を減額してでも、従業員さんの賃金については支払われているのが一般的ではないかと思います。

　それなのに、少ないなんて文句を言われてはたまったものではありません。そこで、私の本を購入していただいた社長さんであれば、従業員さんに世間相場の賃金データをみせて、どうだうちの会社は世間相場よりも支払っているんだということを、自信をもって話すことができると思います。そして、この本を片手に、今後頑張ってくれれば10年後にはこの本の賃金まで払えるようになるから、頑張ってくれとお話しすれば、面談時の強いモチベーションアップの資料になると思います。ですから、わたくしのこの本を購入していただいた社長さんであれば、この本をいつでも従業員さんの賃金決定のマニュアルとしての活用も十分可能であるということです。

社長さんいかがですか？従業員数名であれば、この賃金マニュアル表を眺めるだけで、従業員相互の基本給その他諸手当のバランスも一目でわかるようになると思います。

いかがでしょうか？それでは、37歳・既婚・子供1人男性のケースで、賃金決定をシュミレーションしてみたいと思います。

30代の賃金計算表
（産　業　計）

年　　齢		30	31	32	33	34	35	36	37	38	39	37
所定内給与額	（男）	240.7	246.4	252.2	258.0	263.2	268.3	273.5	278.6	283.8	288.3	278.6
	（女）	207.2	209.1	211.1	213.0	213.7	214.4	215.2	215.9	216.6	218.5	215.9
賞　与	（男）	370.1	390.1	410.0	429.9	447.1	464.2	481.4	498.6	515.8	516.5	498.6
	（女）	394.0	410.3	426.6	442.9	450.8	458.7	466.5	474.7	482.3	480.1	474.7
年　収	（男）	3258.5	3346.9	3436.4	3525.9	3605.5	3683.8	3763.4	3841.8	3921.4	3976.1	3841.8
	（女）	2880.4	2919.5	2959.8	2998.9	3015.2	3031.5	3048.9	3065.5	3081.5	3102.1	3065.5

氏　名							賃金きめた		中途採用の場合
基　本　給							280,000		265,000
職　務　手　当							15,000		0
役　職　手　当							0		0
通　勤　手　当							7,100		7,100
家　族　手　当							15,000		15,000
計							317,100		287,100
賞　与							498,600		200,000
年　収							4,303,800		3,645,200

昇給ピッチ	（男）	28歳～33歳（毎年5.8千円）	33歳～38歳（毎年5.2千円）	38歳～43歳（毎年4.5千円）
	（女）	38歳～43歳（毎年1.9千円）	33歳～38歳（毎年0.6千円）	27歳～33歳（毎年1.9千円）

社長さん、この30代の賃金計算表をじっくり眺めていただきたいと思います。賃金きめたさんも24歳から入社して、37歳になりました。職務も十分能力も発揮できるようになり、社長さんもこの子には世間相場なみの賃金を支払いたいとい

第7章　基本給の年代別のポイント

うのであれば、職務手当を仮に15,000円で、家族手当に奥さん10,000円子供5,000円含めて15,000円、交通費7,100円・基本給280,000円で支給総額317,100円の給与が決定できます。世間相場より高めです。もし仮に社長さん中途採用者で、経験年数が仮に5年程度で多少とも能力的なものが心配であれば、3万円給与マイナス。具体的には職務手当15,000円と基本給を15,000円マイナスしてスタートし基本給265,000円支給総額287,100円、採用後の実績で社長さんが十分能力ありと判断した時は、このマイナス3万円を3年程度でなくしていけばいいと思います。例えば、毎年1万円昇給して、3年で世間相場連動型の基本給に近づけていけばいいのではないかと思います。

　また、経験年数がほとんどない人であれば、さらに基本給をマイナス3万円して、支給総額257,100円の賃金に決定してもいいと思います。

　賞与につきましては、中途採用については一律200,000円として計算してあります。

　いかがですか？これでOKです。

3 40代の賃金

　いよいよ社長さん、従業員さんのいよいよ円熟期である40代について考えてみたいと思います。

　この時期の従業員さんであれば、入社数年の方は別として役職ももたせ、ある意味社長さんの片腕としての期待感もある従業員さんではないかと思います。ここでは、42歳、課長、奥さんと子供二人いる方のシュミレーションを考えてみたいと思います。

40代の賃金計算表
（産　業　計）

年　　齢		40	41	42	43	44	45	46	47	48	49	42
所定内給与額	（男）	292.8	297.2	301.7	306.2	309.5	312.9	316.2	319.6	322.9	322.1	301.7
	（女）	220.4	222.2	224.1	226.0	227.3	228.6	229.9	231.2	232.4	233.6	224.1
賞　　与	（男）	517.2	517.9	518.6	519.3	509.6	499.9	490.2	480.5	470.8	461.8	518.6
	（女）	477.9	475.7	473.4	471.2	465.0	458.7	452.5	446.2	459.3	472.4	473.4
年　　収	（男）	4030.8	4084.3	4139.0	4193.7	4223.6	4254.7	4284.6	4315.7	4345.6	4327.0	4139.0
	（女）	3122.7	3142.1	3162.6	3183.2	3192.6	3201.9	3211.3	3220.6	3248.1	3275.6	3162.6

氏　　名	賃金きめた				中途採用の場合
基　本　給	303,400				278,400
職務手当	15,000				0
役職手当	20,000				0
通勤手当	7,100				7,100
家族手当	20,000				20,000
計	365,500				305,500
賞　　与	518,600				200,000
年　　収	4,904,600				3,866,000

昇給ピッチ	（男）	38歳～43歳(毎年4.4千円)	43歳～48歳(毎年3.3千円)	48歳～53歳(毎年▲0.8千円)
	（女）	38歳～43歳(毎年1.9千円)	43歳～47歳(毎年1.3千円)	47歳～53歳(毎年　1.2千円)

　社長さん、この賃金計算表にもなれてきたのではないかと

第 7 章 基本給の年代別のポイント

思います。賃金きめたさんもいよいよ42歳課長さんになった
というケースになりますから、ここでは役職手当として20,000
円、職務手当15,000円、通勤手当7,100円、子供が1人増えま
したから家族手当20,000円で基本給303,400円、支給合計
365,500円の給与でいかがかと思います。決まって支給する
現金給与額の世間相場よりも40,000円ほど多くなりますが、
これは課長という管理職でもあり妥当な判断であると思いま
す。これが、中途採用で、これも経験4年ほどの方であれば
マイナス4万円。具体的には、役職手当の20,000円と職務手
当15,000円、基本給を25,000円マイナスしてスタートされれ
ばいいのではないかと思います。マイナスには役職手当2万
円をのぞいた金額をベースに考えていくべきであると思いま
す。今回のケースは、役職手当をのぞいたマイナスは40,000
円で基本給278,400円、支給総額305,500円ということになり
ます。この辺の考え方は、いろいろな考え方がありますので、
社長さんの自分の経営戦略のなかから答えを自分なりに導き
だしていくべきだと思います。ですから、さきほども説明し
たように、42歳だから基本給いくらで手当いくらというよう
な積み上げ方式ではなく、臨機応変に対応できるように世間
相場をベースとして、基本給・手当を逆算して計算していく
ほうが、小規模企業では実態にあっていますし、ランチェス
ター法則からみても、この賃金決定方式は一騎打ち戦の戦略
であり、私はベストであると思っています。あくまでも、こ

91

の本では、世間相場というものをベースにした賃金決定の本ですので、常に相場をベースにして自社の賃金制度を検討していっていただきたいと望みます。

4 50代の賃金

いよいよ50代の従業員さんの賃金について考えてみたいと思います。50代、入社数年の方を除いて、この年代は、社長さんより年配の方の雇用になってくるかもしれない年代です。ここで55歳部長さん奥さん子供２人の方のシュミレーションをしてみたいと思います。

50代の賃金計算表
（産　業　計）

年　　齢		50	51	52	53	54	55	56	57	58	59	55
所定内給与額	（男）	321.3	320.6	319.8	319.0	317.5	316.0	314.6	313.1	311.6	308.5	316.0
	（女）	234.9	236.1	237.3	237.7	238.1	238.5	238.8	239.2	239.6	237.1	238.5
賞　与	（男）	452.8	443.7	434.7	425.7	425.2	424.8	424.3	423.9	423.4	403.2	424.8
	（女）	485.6	498.7	511.8	508.6	505.4	502.2	499.0	495.8	492.6	462.3	502.2
年　収	（男）	4308.4	4290.9	4272.3	4253.7	4235.2	4216.8	4199.5	4181.1	4162.6	4105.2	4216.8
	（女）	3304.4	3331.9	3359.4	3361.0	3362.6	3364.2	3364.6	3366.2	3367.8	3307.5	3364.2

氏　　名			賃金きめた				中途採用の場合
基　本　給			317,200				282,200
職　務　手当			15,000				0
役　職　手当			40,000				0
通　勤　手当			7,100				7,100
家　族　手当			20,000				20,000
計			399,300				309,300
賞　　与			424,800				200,000
年　　収			5,216,400				3,911,600

昇給ピッチ	（男）	48歳～53歳（毎年▲0.8千円）	53歳～58歳（毎年▲1.5千円）	58歳～62歳（毎年▲3.1千円）
	（女）	48歳～52歳（毎年　1.2千円）	52歳～58歳（毎年　0.4千円）	58歳～62歳（毎年▲2.6千円）

92

第7章　基本給の年代別のポイント

　社長さん、いよいよ賃金きめたさんは、御社で55歳まで勤務して55歳、部長に任命しました。このケースを考えてみたいと思います。

　社長さんこの50代の賃金計算表をじっくりみていただきたいと思います。このケースでは、部長ですので役職手当40,000円、職務手当15,000円、家族手当20,000円、通勤手当7,100円で基本給317,200円、支給総額399,300円でいかがでしょうか？現金給与額の世間相場より約5万円ほど多くなっています。部長ということで私はこの数字は妥当かと思います。次にこの年代における中途採用の方について考えてみたいと思います。経験約8年のケースとして考えた時は、役職手当40,000円、職務手当15,000円基本給35,000円マイナスして役職手当40,000円をのぞいて50,000円をマイナスして基本給282,200円、支給総額309,300円で決定すればいいのではないかと思います。

5　60代の賃金（60歳再雇用者の賃金の決め方）

　会社の定年制度にもよりますが、60歳定年再雇用による賃金のシュミレーションについて考えてみたいと思います。このケースが一番多いのではないかと思います。この年代は、雇用保険に5年以上加入している従業員さんであれば、雇用保険の高年齢者雇用継続給付制度を活用した賃金を検討して

93

賃金を決定するのが、小規模企業では最もベストな戦略かと思います。簡単にいえば、60歳定年時に仮に賃金が35万円の場合、再雇用で仮に新賃金が20万円になれば、その下がった賃金額の15％の賃金額、この20万円であれば3万円が毎月雇用保険の給付として受けられますよという制度です。ただ、注意しなければならないのは、厚生年金をもらうことができる人は賃金と年金を合計した額が28万を超えるときは年金の減額がありますので、そのところは事前に確認して賃金の決定をするべきであると思います。それでは、賃金きめたさんが60歳時定年直前時賃金総額38万円再雇用時支給総額22万円にしたときのシュミレーションを考えてみたいと思います。

60代の賃金計算表
（産　業　計）

年　　齢		60	61	62	63	64	65	66	67	68	69
所定内給与額	（男）	305.4	302.4	299.3	291.2	283.1	275.1	267.0	258.9	255.3	251.7
	（女）	234.5	232.0	229.4	224.7	219.9	215.2	210.4	205.7	206.0	206.2
賞　　与	（男）	383.1	363.0	342.8	326.1	309.4	292.6	276.0	259.2	243.4	227.7
	（女）	432.0	401.7	371.4	344.9	318.3	291.8	265.2	238.7	244.8	250.8
年　　収	（男）	4047.9	3991.8	3934.4	3820.5	3706.6	3593.8	3480.0	3366.0	3307.0	3248.1
	（女）	3246.0	3185.7	3124.2	3041.3	2957.1	2874.2	2790.0	2707.1	2716.8	2725.2

氏　　名	賃金きめた										
基 本 給	187,900										
職務手当	15,000										
役職手当	0										
通勤手当	7,100										
家族手当	10,000										
計	220,000										
賞　　与	0										
年　　収	2,640,000										

昇給ピッチ	（男）	58歳～62歳（毎年▲3.1千円）	62歳～67歳（毎年▲8.1千円）	67歳～74歳（毎年▲3.6千円）
	（女）	58歳～62歳（毎年▲2.6千円）	62歳～67歳（毎年▲4.7千円）	67歳～74歳（毎年　0.3千円）

94

第7章　基本給の年代別のポイント

　社長さんじっくり60代の賃金計算表をみていただきたいと思います。賃金きめたさんも60歳になり子供さんも独立していると思われますので、家族手当は奥様の10,000円になり、職務手当15,000円、役職はなくなったので役職手当0円、通勤手当7,100円で基本給187,900円、支給合計220,000円としました。賞与に関しては原則支給なしでシュミレーションしてみました。年金については、昭和34年4月1日以前生まれの方で60歳代前半の年金が受給できる方のケースで厚生年金支給月額10万円ほどの予定として考えると下記のようなイメージになります。いかがでしょうか？仮に63歳から厚生年金が毎月10万円支給されるとすると、60歳前半の在職老齢年金の併給調整の制度により、年金10万円と給料の22万円の合計が32万円になりますので、合計が28万円から4万円オーバーしています。オーバーした分の半分の2万円が毎月の年金支給額からマイナスされて支給されることになります。従って、このシュミレーションの賃金きめたさんですと、60歳からは、賃金22万円に雇用保険の給付として毎月3万3千円高年齢雇用継続給付金として、非課税扱いで支給をうけることができます。また年金が63歳から支給されるとすると、約2万円の支給停止がありますので、その分マイナスした約8万円の在職老齢年金の支給がなされます。

　次々頁の表のように、賃金きめたさんが65歳になったときには、高年齢雇用継続給付の制度はなくなります。ただし、

95

65歳からは、老齢基礎年金が、会社からもらう賃金に関係なく満額支給されます。但し、老齢厚生年金については、年金の併給調整はありますが、給与と年金の合計額が47万円を超えなければ支給停止はなくなりますので、65歳以降も勤務されるケースでは、年金と給与の合計額が47万円を超えない限り、支給停止のことは検討することはないのではないかと思います。ですから、65歳からはそのほとんどの方は年金は満額で受給されるのではないかと思います。念のために、60歳前半の在職老齢年金の早見表を掲載しましたので、ご参考にしていただければ幸いです。社長さんここで考えていただきたいのは、この制度を活用すれば、年金や雇用保険の給付を含めて賃金シュミレーションすると、賃金を４割再雇用でダウンしても、それほど実質的に手取りでは公的給付を含めると４割まではダウンはしないケースもあるということです。これで毎月会社の人件費が毎月約16万円また、社会保険料の負担等も含めれば毎月約18万円の経費削減が可能になるということです。この浮いた経費を社長さんの第二の給与などにして活用されたらいかがかと思います。

第 7 章 基本給の年代別のポイント

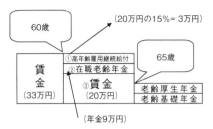

※ 在職老齢年金と高年齢雇用継続給付の併給調整があります
 　（例では、1.2万円が支給停止）
※ （①+②+③）は32万円となりますが、税金・社会保険料は計算していません
※ 在職老齢年金は、年金が年額120万円、60歳到達前1年間の賞与支払額が0円の条件で試算しています

		支 給 停 止 額
総報酬月額相当額＋基本月額28万円以下		支給停止は、なし
総報酬月額相当額＋基本月額28万円超		1月について以下の金額を支給停止
基本月額28万円以下	総報酬月額相当額が47万円以下	（総報酬月額相当額＋基本月額－28万円）×1/2
基本月額28万円以下	総報酬月額相当額が47万円超	（47万円＋基本月額－28万円）×1/2+（総報酬月額相当額－47万円）
基本月額28万円超	総報酬月額相当額が47万円以下	総報酬月額相当額×1/2
基本月額28万円超	総報酬月額相当額が47万円超	47万円×1/2+（総報酬月額相当額－47万円）

総報酬月額相当額＝受給権者が被保険者である月の標準報酬月額＋その月以前1年間の標準賞与額の合計×1/12
基本月額＝年金額（加給年金額を除く）×1/12で、個人毎に異なります。

60歳台前半の在職老齢年金早見表

（単位：万円）

年金月額	総報酬月額相当額														
	9.8	13.0	16.0	19.0	22.0	25.0	28.0	31.0	34.0	37.0	40.0	43.0	46.0	49.0	52.0
1.0	1.0	1.0	1.0	1.0	1.0	1.0	0.5	0.0	0.0	0.0	0.0	0.0	0.0	0.0	0.0
2.0	2.0	2.0	2.0	2.0	2.0	2.0	1.0	0.0	0.0	0.0	0.0	0.0	0.0	0.0	0.0
3.0	3.0	3.0	3.0	3.0	3.0	3.0	1.5	0.0	0.0	0.0	0.0	0.0	0.0	0.0	0.0
4.0	4.0	4.0	4.0	4.0	4.0	3.5	2.0	0.5	0.0	0.0	0.0	0.0	0.0	0.0	0.0
5.0	5.0	5.0	5.0	5.0	5.0	4.0	2.5	1.0	0.0	0.0	0.0	0.0	0.0	0.0	0.0
6.0	6.0	6.0	6.0	6.0	6.0	4.5	3.0	1.5	0.0	0.0	0.0	0.0	0.0	0.0	0.0
7.0	7.0	7.0	7.0	7.0	6.5	5.0	3.5	2.0	0.5	0.0	0.0	0.0	0.0	0.0	0.0
8.0	8.0	8.0	8.0	8.0	7.0	5.5	4.0	2.5	1.0	0.0	0.0	0.0	0.0	0.0	0.0
9.0	9.0	9.0	9.0	9.0	7.5	6.0	4.5	3.0	1.5	0.0	0.0	0.0	0.0	0.0	0.0
10.0	10.0	10.0	10.0	9.5	8.0	6.5	5.0	3.5	2.0	0.5	0.0	0.0	0.0	0.0	0.0
11.0	11.0	11.0	11.0	10.0	8.5	7.0	5.5	4.0	2.5	1.0	0.0	0.0	0.0	0.0	0.0
12.0	12.0	12.0	12.0	10.5	9.0	7.5	6.0	4.5	3.0	1.5	0.0	0.0	0.0	0.0	0.0
13.0	13.0	13.0	12.5	11.0	9.5	8.0	6.5	5.0	3.5	2.0	0.5	0.0	0.0	0.0	0.0
14.0	14.0	14.0	13.0	11.5	10.0	8.5	7.0	5.5	4.0	2.5	1.0	0.0	0.0	0.0	0.0
15.0	15.0	15.0	13.5	12.0	10.5	9.0	7.5	6.0	4.5	3.0	1.5	0.0	0.0	0.0	0.0
16.0	16.0	15.5	14.0	12.5	11.0	9.5	8.0	6.5	5.0	3.5	2.0	0.5	0.0	0.0	0.0
17.0	17.0	16.0	14.5	13.0	11.5	10.0	8.5	7.0	5.5	4.0	2.5	1.0	0.0	0.0	0.0
18.0	18.0	16.5	15.0	13.5	12.0	10.5	9.0	7.5	6.0	4.5	3.0	1.5	0.0	0.0	0.0
19.0	18.6	17.0	15.5	14.0	12.5	11.0	9.5	8.0	6.5	5.0	3.5	2.0	0.5	0.0	0.0
20.0	19.1	17.5	16.0	14.5	13.0	11.5	10.0	8.5	7.0	5.5	4.0	2.5	1.0	0.0	0.0
21.0	19.6	18.0	16.5	15.0	13.5	12.0	10.5	9.0	7.5	6.0	4.5	3.0	1.5	0.0	0.0
22.0	20.1	18.5	17.0	15.5	14.0	12.5	11.0	9.5	8.0	6.5	5.0	3.5	2.0	0.0	0.0
23.0	20.6	19.0	17.5	16.0	14.5	13.0	11.5	10.0	8.5	7.0	5.5	4.0	2.5	0.0	0.0
24.0	21.1	19.5	18.0	16.5	15.0	13.5	12.0	10.5	9.0	7.5	6.0	4.5	3.0	0.0	0.0
25.0	21.6	20.0	18.5	17.0	15.5	14.0	12.5	11.0	9.5	8.0	6.5	5.0	3.5	0.5	0.0
26.0	22.1	20.5	19.0	17.5	16.0	14.5	13.0	11.5	10.0	8.5	7.0	5.5	4.0	1.0	0.0
27.0	22.6	21.0	19.5	18.0	16.5	15.0	13.5	12.0	10.5	9.0	7.5	6.0	4.5	1.5	0.0
28.0	23.1	21.5	20.0	18.5	17.0	15.5	14.0	12.5	11.0	9.5	8.0	6.5	5.0	2.0	0.0
29.0	24.1	22.5	21.0	19.5	18.0	16.5	15.0	13.5	12.0	10.5	9.0	7.5	6.0	3.0	0.0
30.0	25.1	23.5	22.0	20.5	19.0	17.5	16.0	14.5	13.0	11.5	10.0	8.5	7.0	4.0	1.0

第7章 基本給の年代別のポイント

6 採用から定年までの賃金の動き

　前節までで、60歳までの賃金の決定についてみてきました。ここでは、賃金きめたさんが入社から定年後再雇用による65歳までの、賃金、年収の動きを世間相場連動型基本給をベースにして表（106頁）にしてみました。但し、賞与は世間相場の賞与で年収を計算してみました。この表のように、賃金表を基準にしておりませんので、昇給については、理論的にこうだからこの金額を昇給させるといった明確なものはありません。しかし、私は小規模企業の会社はそれでいいと思います。ある程度社長さんの鉛筆なめなめの世界で決定していただければいいのではないかと思います。ポイントは従業員さんの毎月の賃金がどの水準か、または年収が彼はいくらかぐらいは明確に言えるくらいに、従業員さんの家族状況等を踏まえて賃金をみていただきたいということです。もし、お時間のある社長さんでしたら、この表のようなものを作成されて、個人ごとの賃金をみて従業員との懇談時にこの賃金推移表を資料として面談するなどしていただければ、よりベターな有効活用になるかと思います。

　また、この事例の賃金きめたさんの賃金推移表を作成してみましたが、このような事例の考

え方ではなく基本給のパターンをその職務能力により、1等級から8等級ほどに分類して、賃金表を作成していく考え方が、いわゆる役所や大企業などが運用している職能資格制度（職能給表）という賃金制度になってくるわけです。一般的に賃金制度というとこのようなイメージで考えてしまうのが大半です。

第7章　基本給の年代別のポイント

職能給表

	社員1級	社員2級	社員3級	社員4級	社員5級	社員6級	社員7級	社員8級	社員9級
号差	800円	1,000円	1,200円	1,500円	1,500円	2,000円	2,500円	3,000円	3,500円
1号	155,000	170,000	189,000	210,000	250,000	300,000	385,000	470,000	560,000
2	155,800	171,000	190,200	211,500	251,500	302,000	387,500	473,000	563,500
3	156,600	172,000	191,400	213,000	253,000	304,000	390,000	476,000	567,000
4	157,400	173,000	192,600	214,500	254,500	306,000	392,500	479,000	570,500
5	158,200	174,000	193,800	216,000	256,000	308,000	395,000	482,000	574,000
6	159,000	175,000	195,000	217,500	257,500	310,000	397,500	485,000	577,500
7	159,800	176,000	196,200	219,000	259,000	312,000	400,000	488,000	581,000
8	160,600	177,000	197,400	220,500	260,500	314,000	402,500	491,000	584,500
9	161,400	178,000	198,600	222,000	262,000	316,000	405,000	494,000	588,000
10	162,200	179,000	199,800	223,500	263,500	318,000	407,500	497,000	591,500
11	163,000	180,000	201,000	225,000	265,000	320,000	410,000	500,000	595,000
12	163,800	181,000	202,200	226,500	266,500	322,000	412,500	503,000	598,500
13	164,600	182,000	203,400	228,000	268,000	324,000	415,000	506,000	602,000
14	165,400	183,000	204,600	229,500	269,500	326,000	417,500	509,000	605,500
15	166,200	184,000	205,800	231,000	271,000	328,000	420,000	512,000	609,000
16	167,000	185,000	207,000	232,500	272,500	330,000	422,500	515,000	612,500
17	167,800	186,000	208,200	234,000	274,000	332,000	425,000	518,000	616,000
18	168,600	187,000	209,400	235,500	275,500	334,000	427,500	521,000	619,500
19	169,400	188,000	210,600	237,000	277,000	336,000	430,000	524,000	623,000
20	170,200	189,000	211,800	238,500	278,500	338,000	432,500	527,000	626,500
21	171,000	190,000	213,000	240,000	280,000	340,000	435,000	530,000	630,000
22	171,800	191,000	214,200	241,500	281,500	342,000	437,500	533,000	633,500
23	172,600	192,000	215,400	243,000	283,000	344,000	440,000	536,000	637,000
24	173,400	193,000	216,600	244,500	284,500	346,000	442,500	539,000	640,500
25	174,200	194,000	217,800	246,000	286,000	348,000	445,000	542,000	644,000
26	175,000	195,000	219,000	247,500	287,500	350,000	447,500	545,000	647,500
27			220,200	249,000	289,000	352,000	450,000	548,000	651,000
28			221,400	250,500	290,500	354,000	452,500	551,000	654,500
29			222,600	252,000	292,000	356,000	455,000	554,000	658,000
30			223,800	253,500	293,500	358,000	457,500	557,000	661,500
31			225,000	255,000	295,000	360,000	460,000	560,000	665,000
32				256,500	296,500	362,000	462,500	563,000	668,500
33				258,000	298,000	364,000	465,000	566,000	672,000
34				259,500	299,500	366,000	467,500	569,000	675,500
35				261,000	301,000	368,000	470,000	572,000	679,000
36				262,500	302,500	370,000	472,500	575,000	682,500
37				264,000	304,000	372,000	475,000	578,000	686,000
38				265,500	305,500	374,000	477,500	581,000	689,500
39				267,000	307,000	376,000	480,000	584,000	693,000
40				268,500	308,500	378,000	482,500	587,000	696,500
41				270,000	310,000	380,000	485,000	590,000	700,000
42						382,000	487,500	593,000	703,500
43						384,000	490,000	596,000	707,000
44						386,000	492,500	599,000	710,500
45						388,000	495,000	602,000	714,000
46						390,000	497,500	605,000	717,500
47						392,000	500,000	608,000	721,000
48						394,000	502,500	611,000	724,500
49						396,000	505,000	614,000	728,000
50						398,000	507,500	617,000	731,500
51						400,000	510,000	620,000	735,000

しかし私は10人未満の小規模企業では、職種による違いとか能力差とかは、手当である職務手当等で差をつけるとか、または賞与で実績の評価をするといった考え方で、あえて複雑な何等級とかで区分しない今回の事例のような基本給の決め方が、一番シンプルで運用しやすいのではないかと思っています。

10人前後の会社ではあの人は1等級とか3等級とか、公正な評価に基ずく制度が、従業員のやる気のでる賃金制度になるという一般的な考え方は、大企業であればいいと思いますが、小規模企業では、賃金制度が複雑になりすぎて、うまくいかないと思います。車で言えば軽自動車のエンジンでクラウンの運転をするようなものです。

従って私は、このサンプルの賃金推移表（106頁）のように、基本給のラインは一本で運用するべきではないかと思います。そして、先程も記載しましたが手当で職種の違いによる賃金の格差や能力を評価し、また、賞与で実績を評価して、基本給は、毎年原則として世間相場を意識して昇給していくといった考え方がベストではないかと思っています。

また、P77のデータは男女別の掲載をしておりますが、男女で仕事の内容が相違するときは、賃金推移表は男女別に作成したほうがいいケースもでてくると思いますが、基本的には男女で差を設けてはいけません。

働き方改革で、2020年から残業規制が施行されますが、会

第7章 基本給の年代別のポイント

社によっては、残業代が毎月3万円とか5万円が少なくなってくるような従業員に対しては、調整手当のような手当により、いくらかカバーしていかないと、賃金ダウンのため、他社の福利厚生のよりよい会社にトラバーユしていってしまうことも十分予想されますので、残業の多い会社は要注意ではないでしょうか？　調整手当は数年後には基本給の昇給などで解消していけばいいのではないかと思います。

　また、この求人難の時代、大企業のような毎年8千円とか昇給できない代わりに、頑張って成果を上げた人には、大企業で多く採用されている職能資格制度のような決められた枠組みでは対応できませんが、さきほどの調整手当などを活用して、今年は業績がいいので、数万円の昇給をするといった、大手企業ではできない小規模企業独自の弾力的な対応ができるというのも、今回ご紹介の賃金制度でもあります。

　このような弾力的な独自の賃金制度の構築は求人対策にもつながってくると思われます。今回の事例のケースは昨今の求人難を想定して、世間相場よりも多少とも水準をアップした内容になっています。世間相場よりもアップして求人などにおいて他社よりも引け目をとらないようにするか、または、世間相場と同程度・世間相場よりも若干ダウンした求人の賃金にするかは現在の置かれている会社の状況により違ってくると思われますが、いずれにしても世の中の状況に柔軟に対応していかなければいけないのではないかと思います。

103

私の持論ですが、今回紹介したような基本給については一本で運用していく考え方をある意味一次元の賃金制度の考え方であり、職能資格制度のように、基本給が何等級かに分けて考える考え方を二次元の賃金制度の考え方ととらえることができるのではないでしょうか？これに人事評価制度をとりくめば３次元の賃金制度ということになってくるのではないかと思います。人間の一般的な理解力として２次元・３次元となると頭の中が整理できなくなってくるのではないかと思います。なので、多くの賃金制度の本を一回くらい読んでもほとんどの方が理解できなくなってくるのではないかと思います。従って、２次元・３次元の賃金制度を運用できる会社は、総務部長などが必要とされるある程度の規模の会社ということになってくると思います。

　賃金制度をコンサルタントに依頼して数百万円かけて、導入したが、まったく現在は運用されていないというお話をよくお聞きします。それはそのはずで、小規模企業の社長さんが、一次元の仕組みであれば何とか理解できますが、２次元・３次元となると、小規模企業の社長さんだけの頭の中では理解できなくなってくると思われます。我々専門家でも、２次元３次元の制度設計には大変な労力をかけることになってきます。

　このような、労力をかけた仕組づくりをしても19頁の経営の構成要因の中の人の配分と役割分担である賃金制度は－

104

第7章　基本給の年代別のポイント

13.3％のウエイトしかないのです。ここのところをしっかり認識しなければいけないと思います。会社の業績が悪くなると、大半の社長さんは、賃金制度・人事制度の改革だと思われますが、改革をしても思ったより業績の改善には結びつかないということを理解する必要があるのではないかと思います。

　従って、小規模企業の賃金制度は1次元の誰でもすぐ理解できるシンプルな賃金制度がベストであると考えることができるのではないでしょうか？

　余談ですが、今回の事例の賃金きめたさんの賃金推移表を作成するのは、この本の読者の社長さんは面倒だなと思われたかもしれませんが、職能資格制度を導入して賃金制度を運用していく考え方からみれば、はるかにシンプルで簡単な手間のかからない制度設計であることもご理解していただきたいと思います。またこれくらいの手間もかけられないとしたら、御社独自の賃金制度は作れないと思います。手間をかけて格闘しながら個々の従業員さんの顔を浮かべながら賃金推移表などを作成していく中で、血の通った御社独自の他社にまねのできない、魅力ある人手不足の時代の中でもあなたの会社で働いてみたいという働き方改革に対応できる魅力ある制度が出来上がっていくと確信しております。

105

（賃金きめたさんの入社から退職までの賃金推移表）

年齢	ライフ・ビジネススタイルの変化	賃金センサスからの世間相場	修正世間相場	年次差	基本給	昇給	職務手当	役職手当	家族手当	通勤手当	賃金総額	世間相場年間賞与	従業員年収
18													
19		184,900	184,900	0									
20			189,800	4,900									
21			194,700	4,900									
22			199,500	4,800									
23		204,400	204,400	4,900									
24	入社		209,300	4,900	210,000					7,100	217,100	245,700	2,850,900
25	職務手当支給開始		214,300	5,000	215,000	5,000	15,000			7,100	237,100	266,900	3,112,100
26			219,200	4,900	220,000	5,000	15,000			7,100	242,100	288,000	3,193,200
27			224,100	4,900	225,000	5,000	15,000			7,100	247,100	309,200	3,274,400
28		229,100	229,100	5,000	230,000	6,000	15,000			7,100	252,100	330,300	3,355,500
29			234,900	5,800	236,000	6,000	15,000			7,100	258,100	350,200	3,447,400
30			240,700	5,800	242,000	6,000	15,000			7,100	264,100	370,100	3,539,300
31			246,400	5,700	248,000	6,000	15,000			7,100	270,100	390,100	3,631,300
32	結婚		252,200	5,800	254,000	6,000	15,000		10,000	7,100	286,100	410,000	3,843,200
33		258,000	258,000	5,800	260,000	5,000	15,000		10,000	7,100	292,100	429,900	3,935,100
34			263,200	5,200	265,000	5,000	15,000		10,000	7,100	297,100	447,100	4,012,300
35			268,300	5,100	270,000	5,000	15,000		10,000	7,100	302,100	464,200	4,089,400
36			273,500	5,200	275,000	5,000	15,000		10,000	7,100	307,100	481,400	4,166,600
37	第一子誕生		278,600	5,100	280,000	5,000	15,000		15,000	7,100	317,100	498,600	4,303,800
38		283,800	283,800	5,200	285,000	5,000	15,000		15,000	7,100	322,100	515,800	4,381,000
39			288,300	4,500	489,600	4,600	15,000		15,000	7,100	526,700	516,500	6,836,900
40			292,800	4,500	294,200	4,600	15,000		15,000	7,100	331,300	517,200	4,492,800
41	第二子誕生		297,200	4,400	298,800	4,600	15,000		20,000	7,100	340,900	517,900	4,608,700
42	課長に昇進		301,700	4,500	303,400	4,600	15,000	20,000	20,000	7,100	365,500	518,600	4,904,600
43		306,200	306,200	4,500	308,000	4,600	15,000	20,000	20,000	7,100	370,100	519,300	4,960,500
44			309,500	3,300	311,200	3,200	15,000	20,000	20,000	7,100	373,300	509,600	4,989,200
45			312,900	3,400	314,400	3,200	15,000	20,000	20,000	7,100	376,500	499,900	5,017,900
46			316,200	3,300	317,600	3,200	15,000	20,000	20,000	7,100	379,700	490,200	5,046,600
47			319,600	3,400	320,800	3,200	15,000	20,000	20,000	7,100	382,900	480,500	5,075,300
48		322,900	322,900	3,400	324,000	3,200	15,000	20,000	20,000	7,100	386,100	470,800	5,104,400
49			322,100	-800	323,200	-800	15,000	20,000	20,000	7,100	385,300	461,800	5,085,400
50			321,300	-800	322,400	-800	15,000	20,000	20,000	7,100	384,500	452,800	5,066,800
51			320,600	-700	321,600	-800	15,000	20,000	20,000	7,100	383,700	443,700	5,048,100
52			319,800	-800	320,800	-800	15,000	20,000	20,000	7,100	382,900	434,700	5,029,500
53		319,000	319,000	-800	320,000	-800	15,000	20,000	20,000	7,100	382,100	425,700	5,010,900
54			317,500	-1,500	318,600	-1,400	15,000	20,000	20,000	7,100	380,700	425,200	4,993,600
55	部長に昇進		316,000	-1,500	317,200	-1,400	15,000	40,000	20,000	7,100	399,300	424,800	5,216,400
56			314,600	-1,400	315,800	-1,400	15,000	40,000	20,000	7,100	397,900	424,300	5,199,100
57			313,100	-1,500	314,400	-1,400	15,000	40,000	15,000	7,100	391,500	423,900	5,121,900
58		311,600	311,600	-1,500	313,000	-1,400	15,000	40,000	15,000	7,100	390,100	423,400	5,104,600
59			308,500	-3,100	310,000	-3,000	15,000	40,000	10,000	7,100	382,100	403,200	4,988,400
60	60歳再雇用のケース		305,400	-3,100	187,900	-122,100	15,000	0	10,000	7,100	220,000	0	2,640,000
61			302,400	-3,000	187,900	0	15,000	0	10,000	7,100	220,000	0	2,640,000
62		299,300	299,300	-3,100	187,900	0	15,000	0	10,000	7,100	220,000	0	2,640,000
63			291,200	-8,100	187,900	0	15,000	0	10,000	7,100	220,000	0	2,640,000
64			283,100	-8,100	187,900	0	15,000	0	10,000	7,100	220,000	0	2,640,000
65	退職		275,100	-8,000	187,900		15,000	0	10,000	7,100	220,000	0	2,640,000
66			267,000	-8,100									
67		258,900	258,900	-8,100									
68			255,300	-3,600									
69			251,700	-3,600									
70			248,100	-3,600									

第7章 基本給の年代別のポイント

7 中途採用者の方の賃金

いままで、各年代別の賃金の設定についてみてきました。小規模企業では基本的に新卒雇用は難しいものがあると思います。そのほとんどが中途採用というのが実態であると思います。各年代別でみてきたように、基本的には本人の経験年数を基本に、次の表のようなラインで賃金を決定してもいいのではないかと思います。もっと格差を考える社長さんであれば、そのような基準を設定すればいいのではないかと思います。

中途採用時の年齢	20代	30代	40代	50代	60代
経験年齢による基本給のマイナス上限（万円）	～2	～3	～4	～5	～6

いかがですか、この本の読者である社長さんの会社であれば、どこかの賃金の本に書かれたような入学方式とか卒業方式とか難しいことは考えなくて、表のような決め方でいいと思います。

基本的には、社長さんが採用して社長さんが考える年代別の賃金にふさわしい仕事ができるようになれば、世間相場の基本給に昇給すればいいのではないかと思います。一般的にこの手の本ではSABCDといった5段階方式が人事評価の基本で、昇進・昇格・昇給を考えるように書かれた本が多いで

107

す。しかし、小規模企業では、そのように明確に基準を設定しないで、社長さんの判断で随時改定し決定していくほうが、小規模企業ではベストな人事戦略かと思います。こんなことを書くと、多くの賃金コンサルタントからお叱りをうけると思いますが、私はその方が実状に合っていると思います。

　何よりもこの本の読者である社長さんがどう考えるかです。どこにも、この賃金人事制度についてこれが正しいというものはありません。要は、運用する社長さんが、どのように考え実行するかです。私は多くの小規模企業の社長さんが賃金を決定する際、なにもわからず、勘と鉛筆なめなめでやっていらっしゃっていると思いますので、そこに、社長さんの決定の際の考え方と妥当な賃金の決定の際にお役にたてればと思いこの本にまとめてみました。いかがでしょうか？今までにこのような、簡単に賃金を決定することができると書かれた本がなかったと思います。私の提案する賃金制度をおかしいと思われる社長さんはこの先は読まず、その他の経営に参考になる本をお勧めします。

8 時給・日給制の方の決め方

　一般的にパート社員とか、建設の会社に良く見られる日給制の従業員のときはどのように決めるか？ですが、基本的には賃金センサスの短時間労働者のデータから分析しますと、

第7章　基本給の年代別のポイント

この職種の方はあまり年代別で相違がないというのが実態の
ような気がします。

　短時間労働者の企業規模、性別1時間当たり賃金、対前年増減率
及び企業規模間賃金格差

平成29年

企業規模	男			女		
	1時間 当たり賃金 (円)	対前年 増減率 (%)	企業規模間 賃金格差 (大企業= 100)	1時間 当たり賃金 (円)	対前年 増減率 (%)	企業規模間 賃金格差 (大企業= 100)
大　　企　　業	1,113	1.6	100.0	1,077	2.1	100.0
中　　企　　業	1,188	1.8	106.7	1,092	2.0	101.4
小　　企　　業	1,180	2.6	106.6	1,055	1.7	98.0

　基本的に女性社員が多いためではないかと思われます。
データは純粋に時給のアンケートではなく、短時間の月給の
方とかも含めて時間単価が計算されているので、実務的には
このデータから百円前後マイナスして考えれば、小規模企業
の実態に近づいてくるのではないかと思います。日給者につ
いては、業種ごとの基本給相場から月の平均出勤日数を割り
算すれば、日額の目安は立ってくると考えます。私の経験で
は、日給制の基本給は7,000円から15,000円の範囲で、1万円
基本給のケースが多いように思われます。業種としては、建
設業の職種が日給制の採用が多いように思われます。時給に
しても日給にしても正社員としての雇用を考えるのであれ
ば、月額総額が世間相場連動型基本給を基本に考えていけば、
賃金の水準については解決されてくるものと思われます。以
上のように世間相場連動型基本給制度を基本とした考えをお

109

話ししてきましたが、この考え方のような、賃金表で一律に決定していくのではなく、一人ひとりの年齢・経験・家族構成、各年代別の賃金計算表を見ながら社長が決定していくというやり方はまさしくランチェスター法則の接近戦の一騎打ち戦の戦い方に通じてくるのではないかと思います。多くの書店で説明している、職能資格制度による一律の賃金決定は、いわゆるランチェスター法則の間隔線の戦い方であり、中・大企業においては有効な制度ではないかと私は思っています。

　小規模企業であれば、常に変化が求められます。社会の変化に敏感に対応した賃金制度でなければ、本来の進むべき賃金の方向性を見失ってしまうと思います。

　その点私の提案する世間相場型基本給制度は、できれば毎年、または２年に一回データを見直して、直近のデータを活用するとかの手間はあるかもしれませんが、インターネットで検索すればいつでも入手でき、なんといっても経費がかからないということは、素晴らしいことではないかと思います。賃金コンサルタントに依頼しないとわからないような賃金表を活用すると、ベースアップの度にコンサルタントに多額の経費費用が掛かってしまいます。いかがですか、社長さん毎年データを分析することにより、自社の賃金の方向性とその他の業界の動きが賃金という視点から見えてくるのではないかと思っています。また、この戦略で同業他社から一歩労務

第 7 章 基本給の年代別のポイント

管理で差別化戦略がとれるのではないかと思っています。ところで、多忙な社長さんの中には、賃金センサスでデータを見たが、比例計算までして考えている暇がないとおっしゃる方も多いと思います。その為にこの本を買ったんだといわれそうです。そういう社長さんであれば次頁の賃金表のように、22.8歳204,400円とデータが記載されておれば23歳の箇所に記載例のように204,400円と記載されているデータを賃金計算表に記入していってください。そうすれば、社長さんの業種の賃金水準はある程度見えてくると思います。それで、実際に入社予定の従業員さんが来たら、この表をじっくり見ながら考えれば適性賃金は、社長さんの鉛筆なめなめで見えてくるものと思います。巻末にも賃金計算表のサンプル掲載してありますので、ご活用いただけたら幸いです。

20代の賃金計算表
（産　業　計）

年　　齢		19	20	21	22	23	24	25	26	27	28	29
所定内給与額	（男）	184.9				204.4					229.1	
	（女）	159.4				184.8					203.3	
賞　与	（男）	65.7				224.6					330.3	
	（女）	23.7				191.6					361.3	
年　収	（男）	2284.5				2677.4					3079.5	
	（女）	1936.5				2409.2					2800.9	

氏　　名												
基 本 給												
職 務 手 当												
役 職 手 当												
通 勤 手 当												
手　　当												
計												
賞　　与												
年　　収												

昇　給ピッチ	（男）	19歳～23歳（毎年　千円）		23歳～28歳（毎年　千円）		28歳～33歳（毎年　千円）	
	（女）	19歳～23歳（毎年　千円）		23歳～27歳（毎年　千円）		27歳～33歳（毎年　千円）	

9　賃金センサスのその他の活用の仕方

　賃金センサスにはその他都道府県別の業種ごとの年代別のデータもあり、地域別での確認もできます。また、医師とか看護師とか職業別の賃金データもありますので、専門職の方の賃金相場もある程度判断できるようになると思います。また、役職別の賃金データもありますので、当社の課長の賃金はどうかといったときに大変参考になると思います。また、賃金データの中には分布図もありますので、ばらつきもある程度分析が可能です。賃金センサスのなかで、ぜひ社長さん

第7章　基本給の年代別のポイント

にご理解いただきたいデータをいくつかご紹介しますので、賃金を決める際の参考資料になれば幸いです。

その1企業規模別にみた賃金

　次頁グラフをご覧いただければ、わかると思いますが、小規模企業は大企業の約6割の賃金水準です。女性はあまり格差は見れません。これが平成29年度の日本の賃金実態です。新聞で報道されている賃金はそのほとんどが大企業ですので、その数字に惑わされることなく、自分の会社の賃金の水準を理解しておくことが重要であると思います。よく言われますが大企業に対して小規模企業は毎月の賃金が6割年収3割といわれたものでした。確かにこのデータを拝見すると、そうかなとも思ってしまいます。データを細かくみると、その格差は40代50代ではかなり大きくなります。50歳でグラフからみると賃金約50万円と約34万円という開きとなっています。だから、転職もいいと思いますが、中高年になってからの転職はこの賃金という面からも損だなと思われます。だからキャリアアップの転職といっても、それは若いころならいいですが、中高年になると慎重に考えないと大変損であると思います。社長さんいかがですか？この格差、ぜひこの本をお読みの社長さんは従業員にわが社は、「大企業に負けない賃金水準だ」と胸を張っていれるような会社に是非なっていただきたいと思います。

113

第4図　企業規模、性、年齢階級別賃金

平成29年

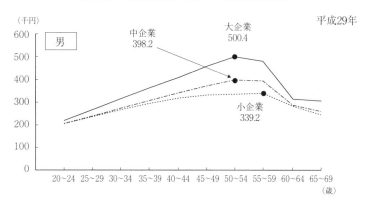

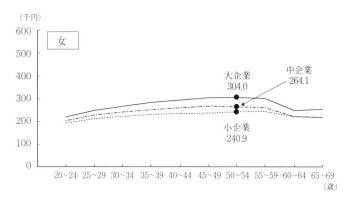

その2　産業別にみた賃金

第5図　主な産業、性、年齢階級別賃金

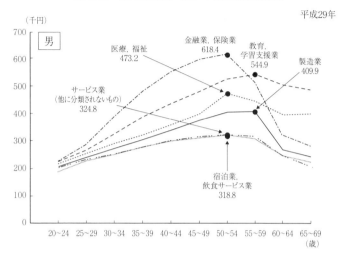

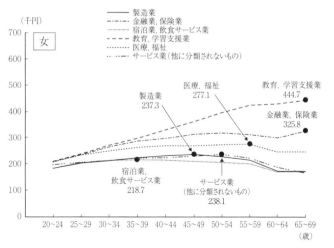

社長さん、このグラフを見ていただければ、業種別の賃金傾向がよくおわかりいただけたと思います。金融業とサービス業では50歳で約62万円と32万円という格差があります。これもさきほどのグラフと同じように、女性は比較的格差は少ないように思います。社長さんは少なくても賃金を決める時には、業種によってこのグラフのように賃金には格差があるということを、この際しっかりご理解しておくべきであると思います。

その3　企業規模別にみた初任給

第2表　性、企業規模、学歴別初任給、対前年増減率及び企業規摸間格差

性、企業規模[1]			大学院修士課程修了 初任給(千円) 昭和30年	29年	対前年増減率(%)	大 学 卒 初任給(千円) 昭和30年	29年	対前年増減率(%)	高専・短大卒 初任給(千円) 昭和30年	29年	対前年増減率(%)	高 校 卒 初任給(千円) 昭和30年	29年	対前年増減率(%)
初任給及び対前年増減率	男女計	企業規模計	238.7	233.4	2.3	206.7	206.1	0.3	181.4	179.2	1.2	165.1	162.1	1.9
		大企業	237.6	237.3	0.1	210.5	211.0	-0.2	188.0	193.0	1.6	166.5	164.0	1.5
		中企業	243.6	224.8	8.4	204.2	202.5	0.8	180.2	178.6	0.9	164.0	160.7	2.1
		小企業	222.3	222.2	0.0	200.2	199.8	0.2	179.6	177.8	1.1	165.2	162.3	1.8
	男性	企業規模計	239.9	233.6	2.7	210.1	207.8	1.1	182.9	180.6	1.3	166.6	164.2	1.5
		大企業	237.4	236.8	0.3	214.2	212.6	0.8	185.1	183.4	0.9	167.0	164.9	1.3
		中企業	247.8	224.9	10.2	207.0	203.9	1.5	181.5	179.7	1.0	165.2	162.5	1.7
		小企業	228.1	228.2	0.0	203.1	202.9	0.1	183.2	179.1	2.3	168.9	166.6	1.4
	女性	企業規模計	234.2	232.4	0.8	202.6	204.1	-0.7	180.4	178.4	1.1	162.3	158.4	2.5
		大企業	238.6	239.6	-0.4	205.8	209.2	-1.6	187.0	182.6	2.4	165.6	161.7	2.4
		中企業	231.8	224.7	3.2	200.7	200.6	0.0	179.3	177.8	0.8	162.0	158.0	2.5
		小企業	211.1	209.5	0.8	197.0	198.5	0.3	178.3	177.2	0.8	159.1	156.0	2.0
企業規模間格差[2]	男女計	中企業	102.5	94.7		97.0	96.0		96.9	87.6		98.5	98.0	
		小企業	93.6	93.6		95.0	94.6		96.6	97.0		99.2	99.0	
	男性	中企業	104.4	95.0		96.6	96.9		98.1	98.0		98.9	98.5	
		小企業	96.1	98.4		94.8	95.4		99.0	97.7		101.1	101.0	
	女性	中企業	97.2	93.8		97.5	95.9		95.9	97.4		97.8	97.7	
		小企業	88.5	87.4		95.7	93.9		95.3	97.0		96.1	96.5	

注：1）企業規模については、常用労働者1,000人以上の企業を大企業、100〜999人の企業を中企業、10〜99人の企業を小企業としている。
　　2）企業規模間格差は、大企業の初任給を100としている。

116

第7章　基本給の年代別のポイント

この表でご理解いただけたかと思いますが、男性は高卒が約16万5千円前後大卒が約20万7千円前後となっています。業種ごとに、このデータからさらに格差があると思いますが、ある程度初任給の相場がご理解いただけるかと思います。

その4　産業分類

この賃金センサスに用いられた産業分類は、日本標準産業分類（平成19年11月改定）により分類表示しているもので、農業、林業、漁業及び公務の産業は除くとされています。都道府県別と全国計もあり、民間では調査できないほどのデータが集約されていますので、データとしての価値は十分あると私は思っています。ちなみに社長さん、これだけの詳細なデータが揃っているところは、今の日本では探せないのではないかと思います。しかも、インターネットで無料です。

その5　職種一覧表

次は賃金センサスに掲載されているデータのなかで、小規模企業で、雇用の機会が多いと思われる職種の年齢階層別の賃金データを多く掲載してみました。賃金センサスに私もこのようなデータがあるとは、開業当時は知りませんでした。今まで、お客様から、専門職の賃金のことについて聞かれたときに、このデータを知っていればなとつくづく思ったものです。当事務所の職員もこれは面白いデータだといってよく

117

みていました。そのような理由もあり、あえて様々な業種の
データを掲載してみましたので一度じっくり数ページ眺めて
いただきたいと思います。但しデータは10人以上の事業所に
なります。

第7章 基本給の年代別のポイント

職種別第2表　職種・性別、年齢階級別きまって支給する現金給与額、所定内給与額及び年間賞与その他特別給与額

区　分	年齢	勤続年数	所定内実労働時間数	超過実労働時間数	きまって支給する現金給与額	所定内給与額	年間賞与その他特別給与額	労働者数
	歳	年	時間	時間	千円	千円	千円	十人
一級建築士（男）	52.1	14.0	173	14	431.5	399.6	1357.0	1 730
〜１９歳	-	-	-	-	-	-	-	-
２０〜２４歳	24.5	2.5	168	8	245.8	221.6	967.0	10
２５〜２９歳	27.0	4.7	170	39	319.1	247.1	1211.1	85
３０〜３４歳	33.0	7.6	174	26	424.9	356.9	1334.6	119
３５〜３９歳	38.0	9.0	178	13	419.0	395.3	1610.1	127
４０〜４４歳	42.2	12.0	173	14	440.3	406.7	1416.8	184
４５〜４９歳	47.8	14.5	174	13	512.2	476.5	1927.5	197
５０〜５４歳	52.7	18.6	171	9	510.3	489.8	1596.7	215
５５〜５９歳	57.6	20.8	174	19	503.3	460.4	1835.0	222
６０〜６４歳	62.7	18.8	176	9	422.4	402.2	988.7	287
６５〜６９歳	67.4	9.2	168	10	319.7	298.6	709.7	225
７０歳〜	74.8	10.1	172	0	279.5	279.3	624.9	58
測量技術者（男）	44.6	14.4	169	13	330.6	305.7	883.8	1 671
〜１９歳	18.9	0.8	169	12	193.2	178.1	87.4	15
２０〜２４歳	22.6	2.3	171	21	220.8	191.1	439.4	120
２５〜２９歳	27.5	3.8	166	19	259.7	227.8	575.6	115
３０〜３４歳	32.4	6.5	170	21	277.3	244.6	665.9	122
３５〜３９歳	37.6	11.1	167	12	321.2	298.2	832.9	181
４０〜４４歳	42.5	15.0	170	15	348.2	319.3	1169.1	334
４５〜４９歳	47.5	17.4	169	16	382.3	345.7	853.8	233
５０〜５４歳	52.8	20.8	168	11	395.2	371.5	1037.9	132
５５〜５９歳	57.0	24.2	173	7	382.9	367.9	1421.0	226
６０〜６４歳	62.3	17.8	166	4	331.9	325.2	496.1	125
６５〜６９歳	67.4	16.5	173	3	238.7	235.2	259.2	56
７０歳〜	72.0	12.7	142	5	189.2	177.2	63.1	12
システム・エンジニア（男）	38.5	11.6	161	17	384.2	343.3	1025.3	28 504
〜１９歳	18.7	0.7	156	6	157.0	150.5	54.4	11
２０〜２４歳	23.6	1.5	162	12	254.4	231.4	322.8	1 711
２５〜２９歳	27.5	3.9	162	21	313.9	272.0	742.5	4 549
３０〜３４歳	32.5	7.1	161	21	366.1	317.2	1016.6	5 493
３５〜３９歳	37.6	10.9	161	19	395.6	351.0	1074.1	4 980
４０〜４４歳	42.4	14.0	160	16	430.4	388.1	1147.1	4 259
４５〜４９歳	47.3	19.2	159	15	444.7	403.3	1341.5	3 493
５０〜５４歳	52.4	20.9	160	14	446.0	408.3	1293.3	2 402
５５〜５９歳	57.3	23.5	160	8	444.9	423.0	1113.9	1 143
６０〜６４歳	61.9	24.7	159	7	311.1	298.1	951.1	411
６５〜６９歳	66.6	27.3	152	0	238.5	229.7	353.5	50
プログラマー（男）	32.3	6.7	166	15	303.6	274.6	620.2	7 846
〜１９歳	19.3	0.9	172	1	178.7	176.7	113.9	16
２０〜２４歳	23.4	1.5	168	11	240.1	224.0	259.8	1 614
２５〜２９歳	27.3	3.7	167	18	273.3	243.3	642.6	2 215
３０〜３４歳	32.6	7.6	168	18	303.6	269.2	728.8	1 624
３５〜３９歳	37.4	9.9	164	17	358.9	318.6	754.6	944
４０〜４４歳	42.4	11.7	163	12	381.3	352.7	679.9	650
４５〜４９歳	47.1	13.3	165	10	392.7	364.6	827.1	469
５０〜５４歳	52.1	18.9	164	10	389.6	362.7	1013.7	156
５５〜５９歳	57.4	23.2	161	12	401.6	371.1	925.0	142
６０〜６４歳	62.6	11.9	162	2	276.7	271.3	436.4	16
６５〜６９歳	65.5	0.5	140	0	221.3	221.3	0.0	1
７０歳〜								

119

区　分	年齢	勤続年数	所定内実労働時間数	超過実労働時間数	きまって支給する現金給与額	所定内給与額	年間賞与その他特別給与額	労働者数
	歳	年	時間	時間	千円	千円	千円	十人
歯科技工士（男）	42.9	12.8	174	22	314.3	282.5	657.9	367
〜１９歳	-	-	-	-	-	-	-	-
２０〜２４歳	23.0	1.9	172	32	200.2	164.3	234.5	50
２５〜２９歳	28.0	4.6	185	39	268.5	220.8	794.1	60
３０〜３４歳	32.4	6.6	171	15	254.5	234.3	534.0	29
３５〜３９歳	38.3	12.2	168	10	319.5	299.5	762.4	16
４０〜４４歳	42.0	15.8	171	34	306.1	252.9	741.8	62
４５〜４９歳	46.8	13.4	175	25	468.9	439.9	932.9	16
５０〜５４歳	52.4	26.5	166	26	460.3	404.1	1291.7	27
５５〜５９歳	58.0	15.6	176	9	378.8	361.2	670.0	48
６０〜６４歳	62.1	26.9	168	0	297.0	296.5	374.0	39
６５〜６９歳	67.5	10.5	176	0	400.1	400.1	599.2	21
７０歳〜								
栄養士（女）	34.9	7.0	168	7	238.1	226.5	575.3	6 851
〜１９歳	-	-	-	-	-	-	-	-
２０〜２４歳	23.1	1.7	172	10	207.2	193.4	296.7	1 210
２５〜２９歳	27.3	3.4	167	8	220.5	207.8	500.2	1 714
３０〜３４歳	32.3	6.0	167	7	242.8	232.1	589.8	1 122
３５〜３９歳	37.1	9.3	167	6	246.9	236.6	621.8	786
４０〜４４歳	42.6	9.8	167	5	257.3	248.3	728.1	849
４５〜４９歳	47.4	12.0	167	6	277.6	264.9	854.9	399
５０〜５４歳	52.4	13.2	168	5	262.2	252.6	771.9	308
５５〜５９歳	57.4	18.1	166	6	288.9	277.6	915.1	314
６０〜６４歳	62.2	20.8	166	4	239.4	234.1	673.6	131
６５〜６９歳	66.3	7.8	174	23	248.5	195.6	58.9	5
７０歳〜	72.5	17.5	168	0	200.4	200.4	171.7	15
保育士（保母・保父）（女）	36.1	7.8	171	4	228.2	221.3	658.3	23 671
〜１９歳	-	-	-	-	-	-	-	-
２０〜２４歳	22.7	2.0	174	4	200.4	194.0	461.5	5 413
２５〜２９歳	27.4	4.7	172	4	216.1	209.4	640.5	4 734
３０〜３４歳	32.4	7.2	170	4	224.6	218.0	680.4	2 901
３５〜３９歳	37.4	8.7	170	3	229.6	223.1	653.2	2 285
４０〜４４歳	42.6	11.0	170	4	241.5	234.4	726.4	2 325
４５〜４９歳	47.3	11.8	170	4	247.1	239.0	748.4	1 878
５０〜５４歳	52.4	12.8	169	4	255.4	248.3	824.4	1 935
５５〜５９歳	57.3	16.1	172	4	263.7	254.9	843.2	1 416
６０〜６４歳	62.0	19.3	171	2	281.7	276.2	894.5	537
６５〜６９歳	67.3	16.7	163	3	261.3	256.5	691.3	169
７０歳〜	76.6	36.5	173	2	365.6	361.0	1359.1	78
介護支援専門員（ケアマネージャー）（男）	42.8	8.9	168	6	294.2	280.4	675.2	1 777
〜１９歳	-	-	-	-	-	-	-	-
２０〜２４歳	-	-	-	-	-	-	-	-
２５〜２９歳	28.4	4.7	170	7	271.1	252.1	544.3	45
３０〜３４歳	33.4	6.5	169	4	264.5	256.9	649.9	192
３５〜３９歳	37.6	7.0	168	8	284.7	267.9	612.2	544
４０〜４４歳	42.4	9.7	167	5	299.2	287.1	718.3	419
４５〜４９歳	47.1	8.7	164	7	302.7	287.5	718.2	275
５０〜５４歳	52.6	15.6	167	7	304.2	291.8	796.3	97
５５〜５９歳	56.3	10.2	171	7	331.7	317.5	682.3	110
６０〜６４歳	62.1	18.5	171	1	322.8	315.9	786.9	81
６５〜６９歳	67.6	1.4	190	21	304.4	266.1	172.9	12
７０歳〜	70.5	4.5	176	0	300.0	300.0	400.0	0

120

第7章 基本給の年代別のポイント

区 分	年齢	勤続年数	所定内実労働時間数	超過実労働時間数	きまって支給する現金給与額	所定内給与額	年間賞与その他特別給与額	労働者数
	歳	年	時間	時間	千円	千円	千円	十人
介護支援専門員(ｹｱﾏﾈｰｼﾞｬｰ)(女)	49.6	8.6	167	4	256.5	248.8	565.8	5 868
～ 19歳	-	-	-	-	-	-	-	-
20 ～ 24歳	24.5	1.8	167	3	204.7	197.9	585.5	2
25 ～ 29歳	28.1	4.3	158	2	225.3	219.2	537.1	34
30 ～ 34歳	33.2	7.6	164	3	238.4	231.2	477.8	359
35 ～ 39歳	37.9	8.5	165	4	248.1	242.0	536.5	615
40 ～ 44歳	42.6	8.8	167	3	255.8	249.2	577.8	915
45 ～ 49歳	47.5	8.3	167	5	256.1	246.7	694.3	1 153
50 ～ 54歳	52.9	7.8	167	5	266.3	256.6	573.0	938
55 ～ 59歳	57.5	10.0	168	4	267.3	258.7	599.0	1 114
60 ～ 64歳	62.1	8.3	167	2	243.6	239.3	413.4	489
65 ～ 69歳	66.8	9.5	168	2	256.0	252.6	268.4	213
70歳～	71.6	9.1	169	1	230.0	228.7	154.3	36
ホームヘルパー (男)	40.5	4.9	168	10	261.1	238.1	280.7	1 788
～ 19歳	-	-	-	-	-	-	-	-
20 ～ 24歳	23.3	2.2	170	9	226.9	201.3	243.4	94
25 ～ 29歳	27.4	3.1	168	11	242.9	221.3	165.3	259
30 ～ 34歳	32.8	4.7	168	10	253.4	229.9	305.6	360
35 ～ 39歳	37.6	5.2	167	14	298.8	269.1	303.8	328
40 ～ 44歳	42.2	4.8	166	12	309.2	278.9	386.6	233
45 ～ 49歳	47.8	5.0	172	6	257.5	239.6	434.2	144
50 ～ 54歳	52.2	5.1	167	4	244.1	232.2	171.2	76
55 ～ 59歳	58.1	6.0	168	3	242.4	232.8	196.0	93
60 ～ 64歳	62.5	7.8	171	14	228.6	207.2	186.3	139
65 ～ 69歳	67.3	8.2	165	7	193.7	184.9	324.8	52
70歳～	73.5	14.5	167	0	130.0	130.0	0.0	10
ホームヘルパー (女)	48.7	7.1	166	7	229.4	215.3	302.5	6 210
～ 19歳	19.5	1.5	173	5	206.1	200.6	63.9	17
20 ～ 24歳	23.0	2.3	163	15	214.3	191.4	218.7	156
25 ～ 29歳	27.7	3.6	166	8	213.4	198.2	257.7	285
30 ～ 34歳	32.4	5.5	166	10	241.8	221.1	344.9	354
35 ～ 39歳	37.5	6.4	167	10	232.6	212.9	336.4	506
40 ～ 44歳	42.5	5.6	167	10	242.3	223.4	338.5	712
45 ～ 49歳	47.7	5.2	168	6	224.8	213.3	234.3	1 169
50 ～ 54歳	52.5	8.1	168	8	239.1	223.8	350.7	1 040
55 ～ 59歳	57.7	9.1	168	4	225.5	215.9	364.0	984
60 ～ 64歳	62.2	10.3	163	6	221.4	212.4	253.7	771
65 ～ 69歳	67.1	9.3	159	4	216.8	210.3	247.5	148
70歳～	72.8	8.7	169	4	191.2	185.5	111.2	68
ワープロ・オペレーター(女)	40.5	8.7	167	8	227.9	214.8	396.6	1 551
～ 19歳	19.1	0.8	168	8	168.0	158.9	64.8	9
20 ～ 24歳	23.6	2.2	172	13	219.8	201.1	261.9	94
25 ～ 29歳	27.3	4.7	171	10	226.0	210.3	474.4	215
30 ～ 34歳	32.4	5.9	165	10	224.5	208.6	398.0	174
35 ～ 39歳	37.8	6.8	167	8	234.5	222.6	405.0	255
40 ～ 44歳	42.3	10.6	167	7	236.5	224.1	392.2	285
45 ～ 49歳	47.3	11.5	165	7	217.6	206.7	384.0	224
50 ～ 54歳	52.6	11.7	169	11	244.5	220.1	329.6	137
55 ～ 59歳	57.2	13.0	165	7	224.4	213.4	525.8	106
60 ～ 64歳	62.6	16.7	155	3	201.1	196.1	290.5	46
65 ～ 69歳	65.5	7.5	165	0	174.7	174.7	0.0	2
70歳～	73.5	28.5	126	4	182.8	177.7	780.0	4

区　分	年齢	勤続年数	所定内実労働時間数	超過実労働時間数	きまって支給する現金給与額	所定内給与額	年間賞与その他特別給与額	労働者数
	歳	年	時間	時間	千円	千円	千円	十人
販売店員(百貨店店員を除く。)(男)	38.5	10.2	169	15	277.3	251.9	509.4	25 409
～ １９歳	19.0	0.9	167	11	183.2	170.0	75.9	378
２０ ～ ２４歳	23.1	2.0	168	14	219.8	199.7	249.8	3 043
２５ ～ ２９歳	27.5	4.3	169	16	243.2	218.1	432.2	3 965
３０ ～ ３４歳	32.4	7.3	170	17	267.7	239.0	531.0	4 291
３５ ～ ３９歳	37.5	10.7	169	15	307.4	280.7	605.8	3 462
４０ ～ ４４歳	42.4	13.1	169	16	322.4	292.3	703.6	3 420
４５ ～ ４９歳	47.3	15.9	171	15	323.7	294.0	699.7	2 079
５０ ～ ５４歳	52.5	18.2	172	14	327.3	301.6	608.0	1 595
５５ ～ ５９歳	57.7	18.1	171	13	297.9	274.8	594.1	1 458
６０ ～ ６４歳	62.4	19.8	169	10	244.7	227.6	273.8	1 135
６５ ～ ６９歳	67.2	17.4	167	7	209.7	201.5	111.5	458
７０歳～	74.2	19.0	172	2	198.0	194.9	45.0	123
販売店員(百貨店店員を除く。)(女)	38.9	7.8	164	8	211.2	199.0	283.6	30 295
～ １９歳	19.2	1.1	170	9	176.5	165.6	49.5	631
２０ ～ ２４歳	22.9	2.0	166	8	210.5	198.3	217.6	4 952
２５ ～ ２９歳	27.4	4.5	164	9	219.5	205.2	354.4	5 005
３０ ～ ３４歳	32.5	7.2	164	9	226.4	211.6	373.0	3 757
３５ ～ ３９歳	37.4	9.0	160	8	229.5	216.1	431.3	2 523
４０ ～ ４４歳	42.7	11.0	163	7	218.4	207.0	357.5	2 844
４５ ～ ４９歳	47.4	11.2	164	8	208.0	195.6	294.5	3 047
５０ ～ ５４歳	52.5	9.7	165	7	201.0	190.7	204.3	2 883
５５ ～ ５９歳	57.5	11.8	165	6	197.0	187.5	207.3	2 476
６０ ～ ６４歳	62.2	13.3	163	5	177.8	170.7	98.7	1 500
６５ ～ ６９歳	66.9	12.8	166	5	186.0	179.4	82.0	517
７０歳～	73.6	24.1	171	1	179.5	177.9	79.2	159
理容・美容師(男)	30.9	6.9	178	6	259.4	250.2	60.1	879
～ １９歳	18.9	0.9	175	2	171.0	168.6	0.0	8
２０ ～ ２４歳	22.6	2.5	176	4	187.7	182.7	25.9	315
２５ ～ ２９歳	27.2	5.9	177	7	235.1	225.9	45.7	159
３０ ～ ３４歳	32.4	8.6	182	5	300.3	291.7	57.2	162
３５ ～ ３９歳	37.1	11.9	177	7	344.7	328.8	103.8	108
４０ ～ ４４歳	42.3	14.3	178	7	375.1	364.1	122.1	45
４５ ～ ４９歳	47.2	12.3	185	13	345.1	320.5	16.0	25
５０ ～ ５４歳	52.2	12.6	178	8	357.2	339.2	271.9	35
５５ ～ ５９歳	56.9	10.0	186	11	287.2	269.3	37.9	11
６０ ～ ６４歳	61.9	20.3	177	4	290.6	283.9	123.5	8
６５ ～ ６９歳	67.5	4.5	159	0	229.3	229.3	0.0	2
７０歳～	72.7	12.3	186	0	332.3	332.3	0.0	1
理容・美容師(女)	31.4	6.5	176	6	232.1	223.8	56.7	1 628
～ １９歳	19.2	1.2	181	6	168.4	161.9	28.2	18
２０ ～ ２４歳	22.4	2.3	175	4	184.3	179.5	31.3	540
２５ ～ ２９歳	27.1	5.4	180	5	225.4	219.0	63.8	354
３０ ～ ３４歳	32.5	8.5	176	3	263.2	256.9	55.6	270
３５ ～ ３９歳	37.4	10.9	173	7	284.4	272.3	93.4	132
４０ ～ ４４歳	42.0	12.1	174	7	283.1	272.1	86.5	123
４５ ～ ４９歳	47.4	12.1	176	7	261.9	247.5	138.0	49
５０ ～ ５４歳	52.6	10.4	177	16	293.7	268.6	61.9	64
５５ ～ ５９歳	56.8	12.3	176	11	265.9	248.6	41.4	56
６０ ～ ６４歳	61.7	12.0	175	7	247.5	220.6	37.3	16
６５ ～ ６９歳	66.9	21.4	167	23	285.2	246.8	98.0	4
７０歳～	73.1	18.5	166	6	240.0	230.7	219.1	1

122

第7章 基本給の年代別のポイント

区　分	企業規模計（10人以上）							労働者数
	年齢	勤続年数	所定内実労働時間数	超過実労働時間数	きまって支給する現金給与額	所定内給与額	年間賞与その他特別給与額	
	歳	年	時間	時間	千円	千円	千円	十人
板金工（男）	43.3	12.4	173	23	306.4	266.5	571.7	2 143
～１９歳	19.2	1.2	164	22	195.9	166.9	116.6	63
２０～２４歳	23.2	3.7	174	35	237.4	191.2	364.5	132
２５～２９歳	27.8	6.0	173	28	262.2	219.8	505.2	176
３０～３４歳	32.7	6.9	175	30	300.5	251.1	609.6	219
３５～３９歳	37.3	10.7	175	26	340.7	293.5	731.0	279
４０～４４歳	42.6	15.1	176	19	338.8	304.9	708.2	326
４５～４９歳	47.2	10.8	174	25	321.0	274.0	563.0	304
５０～５４歳	52.4	17.3	175	28	343.4	294.0	586.0	193
５５～５９歳	57.2	20.2	172	17	326.1	293.4	679.7	235
６０～６４歳	63.3	20.0	167	9	280.7	263.8	383.7	122
６５～６９歳	67.3	15.3	171	17	235.7	211.5	254.0	75
７０歳～	72.5	25.0	164	0	179.5	179.2	181.8	22
機械組立工（男）	39.3	11.6	165	24	318.0	265.2	843.2	14 612
～１９歳	19.1	1.2	170	26	232.3	190.0	282.3	392
２０～２４歳	22.8	3.2	167	24	258.7	212.7	590.4	1 502
２５～２９歳	27.8	6.2	165	28	302.5	243.5	861.6	2 211
３０～３４歳	32.4	7.5	165	26	307.4	253.8	789.6	2 035
３５～３９歳	37.5	9.4	164	29	343.2	279.6	991.8	1 919
４０～４４歳	42.6	12.7	165	26	352.7	287.3	906.9	2 164
４５～４９歳	47.4	15.1	166	23	346.1	291.7	856.8	1 302
５０～５４歳	52.1	17.5	166	21	352.0	300.5	1070.9	975
５５～５９歳	57.5	22.4	165	17	370.3	327.1	1005.8	972
６０～６４歳	62.1	29.9	162	9	260.8	242.4	845.5	836
６５～６９歳	67.3	21.2	166	9	258.6	244.2	333.2	240
７０歳～	73.1	17.4	155	4	252.1	245.5	348.8	65
機械修理工（男）	39.8	12.5	165	24	326.9	275.4	889.5	5 333
～１９歳	19.0	0.9	168	16	196.5	173.9	175.1	118
２０～２４歳	22.6	3.0	162	26	243.1	200.3	592.6	584
２５～２９歳	27.3	6.0	163	26	276.5	227.8	787.2	744
３０～３４歳	32.5	8.7	164	31	321.0	260.1	860.6	786
３５～３９歳	37.5	11.4	164	29	356.6	290.6	1102.1	655
４０～４４歳	42.5	15.4	167	24	384.4	318.3	1136.4	670
４５～４９歳	47.2	17.8	169	23	393.0	336.1	1123.0	554
５０～５４歳	52.5	19.8	168	17	394.8	349.3	1017.1	393
５５～５９歳	57.3	19.5	168	21	391.2	337.3	995.9	315
６０～６４歳	62.4	23.0	164	9	266.4	247.4	689.4	340
６５～６９歳	67.0	21.7	170	7	242.2	228.8	380.8	125
７０歳～	71.5	21.7	169	6	244.0	233.9	300.2	49
自動車整備工（男）	36.8	11.4	168	19	294.9	260.1	745.8	12 672
～１９歳	19.2	1.0	169	17	189.4	169.6	128.8	147
２０～２４歳	22.6	2.2	166	17	223.1	198.6	455.0	2 261
２５～２９歳	27.6	5.9	167	23	264.8	228.3	754.4	1 877
３０～３４歳	32.3	9.5	165	22	294.0	254.3	894.3	2 093
３５～３９歳	37.6	13.1	167	23	330.8	286.9	891.3	1 688
４０～４４歳	42.4	16.6	167	20	342.5	300.2	937.0	1 555
４５～４９歳	47.4	18.3	172	18	357.9	319.6	843.7	1 245
５０～５４歳	52.3	19.0	172	14	350.1	318.9	785.2	639
５５～５９歳	57.4	21.9	172	14	340.6	311.3	707.0	529
６０～６４歳	62.3	22.8	167	8	246.5	232.6	425.8	363
６５～６９歳	67.1	22.3	164	7	228.9	217.1	263.0	244
７０歳～	73.8	25.5	176	4	210.5	204.9	264.0	30

区　分	年齢	勤続年数	所定内実労働時間数	超過実労働時間数	きまって支給する現金給与額	所定内給与額	年間賞与その他特別給与額	労働者数
	歳	年	時間	時間	千円	千円	千円	十人
パン・洋生菓子製造工（男）	40.5	9.9	170	27	273.5	225.2	410.1	3 421
～　１９歳	19.0	0.7	173	21	191.9	163.1	55.0	67
２０　～　２４歳	22.4	2.6	170	27	218.2	179.9	330.7	266
２５　～　２９歳	27.6	5.2	172	23	241.8	205.3	367.2	585
３０　～　３４歳	32.7	7.8	170	30	266.4	211.0	397.0	471
３５　～　３９歳	37.4	8.4	169	29	283.1	228.4	429.2	422
４０　～　４４歳	42.9	13.6	169	24	306.6	261.6	574.2	334
４５　～　４９歳	47.7	12.1	174	34	313.3	247.9	514.3	381
５０　～　５４歳	52.7	15.7	169	30	310.6	251.8	442.7	305
５５　～　５９歳	57.3	17.9	170	29	320.7	259.4	571.6	295
６０　～　６４歳	62.0	12.0	165	17	239.6	215.1	145.8	245
６５　～　６９歳	66.1	12.9	166	6	178.8	171.4	45.7	25
７０歳～	74.3	20.5	147	16	158.3	143.8	0.0	24
ボイラー工（男）	47.9	12.4	163	14	282.2	251.9	667.4	671
～　１９歳	19.3	1.3	164	5	240.9	210.1	160.8	1
２０　～　２４歳	22.7	3.8	162	15	248.8	221.9	535.2	58
２５　～　２９歳	27.5	5.8	155	28	288.1	238.2	799.8	42
３０　～　３４歳	33.0	8.8	166	13	278.9	253.2	672.5	61
３５　～　３９歳	37.7	10.1	168	25	304.7	252.7	1127.6	52
４０　～　４４歳	42.4	15.4	163	12	365.5	316.2	949.2	67
４５　～　４９歳	47.0	9.8	161	15	296.5	265.1	766.2	62
５０　～　５４歳	53.3	17.3	165	7	344.4	323.0	766.2	74
５５　～　５９歳	57.7	14.1	169	13	280.5	254.1	717.6	88
６０　～　６４歳	62.5	14.0	163	14	238.0	212.6	479.6	87
６５　～　６９歳	66.6	15.4	163	10	195.3	182.4	160.6	49
７０歳～	73.1	22.4	152	5	212.4	202.8	98.7	30
クレーン運転工（男）	45.4	13.6	175	32	355.9	294.8	652.2	1 833
～　１９歳	19.3	1.1	169	31	234.7	189.7	190.7	10
２０　～　２４歳	22.5	3.5	164	40	284.5	216.8	503.1	107
２５　～　２９歳	27.5	6.1	171	36	318.3	255.0	607.5	172
３０　～　３４歳	32.6	7.5	174	32	323.9	262.6	591.2	116
３５　～　３９歳	37.3	9.0	174	36	351.4	283.3	674.7	199
４０　～　４４歳	42.9	11.2	178	33	387.5	319.5	651.9	221
４５　～　４９歳	47.2	13.2	178	31	392.0	326.6	727.5	266
５０　～　５４歳	52.7	17.9	179	32	383.8	319.0	684.3	273
５５　～　５９歳	57.4	20.8	177	30	385.3	330.1	716.8	258
６０　～　６４歳	62.4	22.6	170	25	307.4	266.5	695.4	141
６５　～　６９歳	66.8	20.2	170	24	283.6	246.3	387.4	56
７０歳～	71.5	26.9	167	20	282.6	251.1	222.3	13
建設機械運転工（男）	47.9	12.7	171	19	306.6	270.9	503.3	4 535
～　１９歳	18.9	0.8	168	11	193.4	179.7	123.3	28
２０　～　２４歳	22.1	2.5	173	30	254.1	209.0	426.2	155
２５　～　２９歳	27.6	5.7	169	27	270.8	223.5	523.5	216
３０　～　３４歳	32.4	6.2	170	23	302.1	260.3	493.1	293
３５　～　３９歳	37.8	8.7	169	23	324.3	278.8	654.6	574
４０　～　４４歳	42.7	10.9	171	23	326.0	282.0	549.1	622
４５　～　４９歳	47.4	11.7	173	17	323.2	290.8	541.7	717
５０　～　５４歳	52.4	15.2	170	22	324.4	278.0	640.0	519
５５　～　５９歳	57.6	15.4	172	16	323.0	291.9	533.6	519
６０　～　６４歳	62.6	19.9	172	14	287.6	263.2	349.9	475
６５　～　６９歳	67.3	21.9	169	7	269.7	260.1	198.7	301
７０歳～	73.5	16.7	162	4	208.4	201.5	124.1	116

124

第7章 基本給の年代別のポイント

区　分	企業規模計（10人以上）						
	年齢	勤続年数	所定内実労働時間数	超過実労働時間数	きまって支給する現金給与額	所定内給与額	年間賞与その他特別給与額	労働者数
	歳	年	時間	時間	千円	千円	千円	十人
電気工（男）	38.8	12.4	173	24	343.6	291.9	861.3	7 668
～　19歳	19.0	0.9	172	16	200.7	177.6	117.9	292
20　～　24歳	22.9	3.1	172	24	256.9	217.6	539.4	974
25　～　29歳	27.8	6.8	173	32	309.6	246.1	826.4	1 194
30　～　34歳	32.5	8.3	170	28	330.4	269.9	912.2	845
35　～　39歳	37.7	12.2	174	28	367.0	304.8	1113.6	948
40　～　44歳	42.6	14.7	175	25	391.5	331.0	935.0	1 165
45　～　49歳	47.3	18.2	178	24	432.7	371.7	1052.7	772
50　～　54歳	52.5	19.9	172	14	402.9	368.6	1029.5	433
55　～　59歳	57.6	24.4	173	16	392.1	345.9	1023.8	477
60　～　64歳	62.4	24.8	167	11	335.9	312.7	845.3	371
65　～　69歳	67.2	26.1	173	7	265.7	253.4	308.5	150
70歳～	72.3	19.8	159	4	283.6	271.5	751.9	46
大工（男）	46.7	15.9	176	7	276.8	265.2	234.6	1 169
～　19歳	18.6	0.8	174	5	173.7	167.8	25.8	38
20　～　24歳	22.8	2.9	181	5	196.0	187.5	96.8	113
25　～　29歳	27.7	6.4	178	17	274.6	244.6	299.9	54
30　～　34歳	32.9	7.8	184	7	295.8	285.4	98.8	80
35　～　39歳	37.6	13.4	179	5	335.4	327.6	241.7	146
40　～　44歳	42.7	12.9	175	9	285.4	270.5	394.8	150
45　～　49歳	47.6	16.8	178	7	342.8	327.3	465.0	69
50　～　54歳	52.6	19.8	171	8	310.1	292.5	170.2	68
55　～　59歳	57.4	14.9	178	3	293.8	288.8	146.0	73
60　～　64歳	62.4	28.4	169	8	259.9	247.5	258.8	260
65　～　69歳	66.9	21.5	176	6	272.5	266.0	202.5	102
70歳～	71.6	15.5	168	0	187.7	187.7	90.9	16
左官（男）	53.3	17.0	174	7	305.3	292.5	166.6	1 241
～　19歳	19.0	1.4	166	0	211.6	211.1	9.7	15
20　～　24歳	23.2	3.6	174	9	278.9	264.6	82.6	78
25　～　29歳	26.5	3.0	181	10	258.0	239.0	122.3	48
30　～　34歳	33.1	9.1	169	9	267.8	252.0	155.8	50
35　～　39歳	38.1	10.9	165	10	365.2	345.9	345.9	72
40　～　44歳	42.8	10.8	170	3	267.6	262.6	159.4	135
45　～　49歳	47.1	14.1	174	6	381.7	365.7	269.8	71
50　～　54歳	52.6	16.0	180	10	356.8	335.0	120.2	52
55　～　59歳	57.7	19.2	165	8	276.4	259.4	165.8	133
60　～　64歳	62.3	21.5	179	9	338.3	321.7	242.5	215
65　～　69歳	67.2	23.4	180	5	311.7	302.5	101.4	296
70歳～	73.1	27.4	172	1	243.1	241.1	137.9	76
ビル清掃員（男）	49.6	7.3	167	11	211.6	196.2	188.6	3 442
～　19歳	18.7	0.8	172	5	182.9	177.4	121.3	41
20　～　24歳	22.4	2.3	172	11	195.8	181.7	121.7	136
25　～　29歳	27.5	3.6	167	10	191.2	175.9	180.8	228
30　～　34歳	32.7	4.9	164	12	223.3	204.7	228.7	252
35　～　39歳	37.4	8.4	169	16	238.2	214.3	269.6	322
40　～　44歳	42.5	8.3	169	10	229.9	214.5	215.6	295
45　～　49歳	47.5	6.8	170	12	236.9	219.2	239.7	388
50　～　54歳	52.6	9.5	168	10	221.5	206.9	283.2	324
55　～　59歳	57.7	8.2	168	11	213.0	194.9	178.4	409
60　～　64歳	62.6	8.2	166	11	204.1	188.1	167.3	506
65　～　69歳	67.3	7.9	160	6	178.4	170.7	79.9	395
70歳～	72.4	9.5	163	3	175.2	171.2	30.1	146

125

いかがですか？この表以外にも、弁護士とか、税理士とか
いわゆる専門職の賃金データが閲覧できるということは、専
門職を多く雇用する事業所では大変参考になるデータかと思
います。

> **5分ノート**
>
> 　20代30代40代50代60台の賃金計算表で、賃金をじっくり
> 見ながら決める。そして、その他参考資料が必要であれば、
> 賃金センサスをネットで検索して調べれは、ある程度社長
> さんの会社の賃金水準の分析と対策は見えてくる。

第8章

退職金は必要か

1 退職金も大企業と中小企業では大きな開きがある。その差をご存知ですか？

　社長さん退職金の相場はどれくらいかと聞かれて答えることのできる方はほとんどいないと思います。イメージがあるとすれば、毎年人事院が公表している２千数百万円位、中小企業ですとその半額位というイメージかと思います。ただし、このデータは上場企業で定年まで、新卒で入社して退職したケースであり、小規模企業の会社ではたして、それだけ支給している会社はほとんどないと思います。それじゃわれわれのようなところは実態はどうなんだと思われていると思います。私の経験でいえば、小規模の会社ですと退職金制度そのものがないという会社も多いと思います。あまり退職金

127

のデータは公表されておらず、実態はなかなかわからないのが現実かと思います。そもそも小規模企業の場合は中途採用が主流ですので、モデル退職金制度という概念そのものがないと思います。私のこれまでの経験でいえば、退職金制度のある企業で、相場としては30年勤続で500万円前後ではないかと思います。ですから国の発表とは支給額が全然ちがうということを理解していただきたいと思います。そもそも退職金は労働基準法のどこを読んでも支払いなさいとは書いてありません。ただ、定めをするときは、適応される労働者の範囲、退職手当の決定、計算及び支払いの方法並びに退職手当の支払いの時期に関する事項を定めなければならないとなっているだけです。ですから、定めなければなしということになります。退職金の一般的な考え方としては、功労報償説、生活保障説、賃金後払説と見解が分かれています。私は功労報償説いわゆる在職していたときの功労に報いるという考えが一番退職金制度の考え方としてはいいのではないかと思います。私の持論ですが、小規模企業であるからこそ、逆に退職金制度は導入すべきではないかと考えます。社長さんはどう思われますか？

　従業員数名でやっているわけですから、その関係は家族的な雰囲気になっていると思われます。その従業員が退社するときというのは、何十人もいる会社と違い人間的な関係が強いため、退職というものにはつらいものがあると思います。

第8章 退職金は必要か

そんな時、離婚でも慰謝料があるように、会社もご苦労様ということで幾らかでも退職金を渡せたら、その方が退社した後も社長さんの会社の応援団になってくれる可能性があると思います。私はなにも大企業のような制度の導入でなくて、気持ち程度渡せる制度の導入でいいのではないかと思っています。どうしても出す余裕がなければ、10年勤続で20万円20年で30万円30年で50万円でもいいと思います。それも退職時に本人に直接渡すことをお勧めします。参考資料として東京都産業労働局のモデル退職金の調査資料を掲載しましたのでご参考になれば幸いです。私が日頃から顧問先などを回っていての感じでは、データから水準はダウンしますが、10年で50万円前後30年で500万円前後が小規模企業の実態ではないかと思います。社長さんいかがでしょうか？

モデル退職金（東京都産業労働局「2010年中小企業の退職金事情」）より

高 校 卒		
勤続年数（年）	年齢（歳）	10～49人企業 （円）
3 年	21	180,000円
5 年	23	340,000円
10年	28	939,000円
15年	33	1,789,000円
20年	38	2,986,000円
30年	48	6,363,000円
定年	60	10,927,000円

129

大　学　卒		
勤続年数(年)	年齢(歳)	10〜49人企業 （円）
3 年	25	207,000円
5 年	27	415,000円
10年	32	1,152,000円
15年	37	2,237,000円
20年	42	3,689,000円
30年	52	7,822,000円
定年	60	12,278,000円

2 退職金も賃金制度の一部として考える

　退職金につきましては、厚生労働省の通達につぎのような
ものがあります。「退職金、結婚祝金、死亡弔慰金、災害見舞
金等の恩恵的給付は原則として賃金とみなさないこと。但
し、退職金、結婚手当金等であって労働協約、就業規則、労
働契約等によって予め支給条件の明確なものはこの限りでは
ない」（昭和22年 9 月13日基発17号）となっています。ですか
ら社長さん規則として就業規則等で定めれば、支払わなけれ
ばならなくなってくるものと考えていただきたいと思いま
す。私は小規模企業では、退職金について制度を定めたとき
は支給するといった内容の規定だけでもいいのではないかと
思います。

第8章　退職金は必要か

3 中小企業退職金共済制度か保険会社の退職金制度か？

　現在日本には、平成24年３月に廃止になった適格退職年金制度と中小企業退職金共済制度と保険会社の生命保険を活用した退職金制度・確定拠出年金制度・確定給付企業年金制度の５つがあり、この制度の組み合わせまたは単独でこの中の制度のどれかで制度設計をされている企業が大半ではないかと思います。私は小規模企業は中小企業退職金共済制度か保険会社の退職金制度をお勧めします。

　中小企業退職金共済制度はご存じの社長さんも多いと思いますが、下記のような仕組みです。

中小企業退職金共済制度

① 事業主が独立行政法人勤労者退職金共済機構と従業員一人ごとに退職金共済契約を締結して、被共済者ごとに一定額（月額5,000円から30,000円）の掛け金を設定して加入する。

② 掛金は機構により管理運用され、退職金支給の原資に充てられる。

③ 掛金は全額非課税で、全額事業主負担となる。

④ 退職金の支給額は、掛金月額と掛金納付月数に応じて、一定の運用利回りを前提にして定められた基本退職金と、実際の運用が一定の運用利回りを上まった時に付加される

131

付加退職金の両方を合算した額となる。

⑤　退職金は原則一時払いであるが、全額または一部を分割して受け取ることができる。

　この制度は、この本の読者であるような中小企業しか加入できず、制度がシンプルで加入手続きも簡単です。現在加入企業369,254事業所、加入従業員3,482,032人、運用資産約4.9兆円（平成30年11月末現在）となっています。その仕組みは次頁のような内容です。イメージとしては、表にあるように毎月1万円の掛け金の場合30年で約421万円の退職金が支給されるというものです。大変わかりやすいですね。また、独立行政法人が受託しているので、安心感があると思います。

　しかし、この制度はシンプルでいいのですが、小規模企業であれば退職金を退職時に直接渡したいものです。

　中小企業退職金共済制度ですと、退職時に直接本人の銀行口座に送金され、退職理由に関係なく支給されてしまいます。定年で退職しても、自己都合で退職しても、解雇で退職しても退職金は同一です。しかも直接本人口座に送金ですから、従業員からみれば、社長が毎月掛け続けてくれたことに対する感謝どころか、自分の当然の権利のような気持ちで受け取られたら、なんのためにこの退職金制度に加入したかわからなくなってくると思います。このような欠点を補うものとして、余裕があればその上乗せ制度、または、その代替制度として生命保険会社の保険を活用した退職金制度をお勧めしま

第8章 退職金は必要か

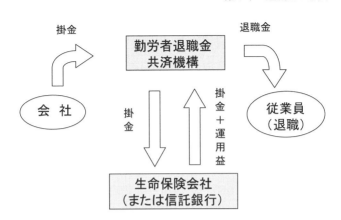

〈基本退職金額表(一部抜粋)〉
掛金月額1万円(予定運用利回り1%)の場合

加入期間(年)	給付額(円)	加入期間(年)	給付額(円)
1	36,000	16	2,089,800
2	240,000	17	2,231,700
3	360,000	18	2,375,100
4	481,700	19	2,520,000
5	608,200	20	2,666,600
6	737,100	21	2,814,600
7	867,600	22	2,964,000
8	999,500	23	3,114,800
9	1,132,300	24	3,267,000
10	1,265,600	25	3,420,800
11	1,399,100	26	3,576,100
12	1,534,500	27	3,732,900
13	1,671,800	28	3,891,400
14	1,810,600	29	4,051,500
15	1,950,000	30	4,213,100

(注)基本退職金額表は、法令の改正により変わることがあります。

す。この制度の特徴は次の内容です。

生命保険を活用した退職金制度（50頁で紹介した制度）
①　養老保険は、支払った保険料を全額資産計上するという
　のが通常の処理ですが、ある一定の基準（たとえば入社3
　年経過以降）のもと、従業員（役員含むこと可能）が加入
　していること
②　死亡保険金の受取人を従業員の遺族とすること、ただし
　満期保険金や解約返戻金は法人とする。
　このような形態で契約することにより、毎月本来積立資産
計上になるものが、半分経費で処理できることになります。
簡単に言えば、経費で処理したものが退職金として積み立て
られているということです。この制度は保険会社または郵便
局などでも積極的に販売しています。それと、保険会社では
退職金制度として確定給付企業年金制度がありますが、小規
模企業ではあまりなじまない制度ですので、考えなくてもい
いと思います。

第8章　退職金は必要か

会社契約の養老保険（厚生福利プラン）の仕組み

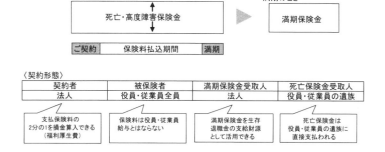

　養老保険を活用した退職金制度は、満期保険金または、解約返戻金が会社に入金になりますので、退職の内容により支給金額を調整できますし、なによりも本人に直接渡せます。現金には不思議な魅力があります。支給額は大手企業のように大きくなくても現金（福沢諭吉）を数える中で、お世話になった会社のことや、退職金を準備してくれた社長に対してなによりも感謝の気持ちを持っていただけるのではないかと思います。そして、最後に握手をして別れるとか、演出ができると思います。このことは、退社後その方が御社の応援団に今後なってくれるかもしれない可能性を秘めています。銀行振込みのときは銀行の口座に1か月後に入金があっても、通帳に印字があるだけで、感謝の気持ちまでおきないのではないかと思います。それともう一点、この制度には死亡保障がついていますので、従業員さんが業務上・業務外を問わず、

死亡した時の弔慰金対策にもなってくると思います。いかがですか、加入についてはお知り合いの保険会社の方にご相談されてもいいのではないかと思います。

　私は、このような退職金制度も活用して、御社の広い意味での賃金制度の一環として運用されることをお勧めします。また、この退職金制度は、経営者と従業員との関係という視点でみても、生命保険を活用した退職金制度が、シンプルでより接近戦でランチェスター法則の第一法則・一騎打ち戦の傾向が強く、その効果は大きいと思います。ちなみに新聞でよく報道されている確定拠出年金制度・確定給付年金制度などは、まさしく複雑な年金数理を応用した大企業の年金制度であり、ランチェスター法則では第2法則・間隔戦に近いやり方であると思います。従って、小規模企業では私はなじまないと思いますので、説明は省きました。

5分ノート

　退職金制度については、小規模企業であればこそ、退職は辛いものがあります。従って、中小企業退職金共済制度や生命保険の養老保険を活用した退職金制度が、小規模企業ではランチェスターの法則からもベストな戦略かと思われます。

第9章

労務トラブルにならないための賃金計算

1 残業代が正しく支払われていないといわれ、未払い残業代を支払えとある日突然いわれる

　社長さん最近はいろいろ未払い残業代のことで話題になることが多いので意識してきているのではないかと思います。数年前日本マクドナルドの管理職の残業代の問題でマクドナルドに対して支払いの是正勧告が大きく報道されていたのでご存じの方も多いと思います、

　最近では、一部の弁護士さんがこのサービス残業代を取り戻せとばかりに動いているようです。この残業代の基本的な問題は、そのほとんどが退社時または退社後過去2年間の残業代を支払えといったケースがほとんどです。たとえば20万円の給料の方が毎月30時間サービス残業をしていれば、2年

137

分で約106万円の請求になってくると思います。ようは、後から2年分の残業代の支払いをすると、会社も資金繰りの関係で突然言われても困るということだと思います。社長さんこの対策は、しっかり時間管理して労働基準法に従った残業代を毎月多少経費の負担は多くなりますが支払っておく、ということではないかと思います。

　2020年4月からは、序章でも記載しましたが働き方改革の労働時間の上限規制が施行されます。これまで以上にこの残業管理は重要な対策の一つとなってきました。さらに、未払い残業の時効が2年から5年に延長されるかもしれない状況があります。毎月多少多くても支払っておけば、ある日突然弁護士から内容証明がきて106万円支払えといったリスクもなくなりますし、毎月しっかり支払う以上、無駄な残業をさせないように業務内容を工夫するようになってくるのではないかと思います。それが、やがて社長さんの会社のノウハウにもなってくると思います。ですから私は、小規模企業では資金繰りも大変ですから毎月多少の経費高になってきますが、残業代はしっかり支払うことをお勧めします。もちろん、無駄な残業がないように時間管理はしっかりしていく必要があると思います。とくに小規模企業では、家族的な関係になりがちな傾向にあり、ともすればサービス残業が多くなってくる業態かもしれません。だからこそ、ある意味大企業よりも時間管理はしっかりしておかないと大変なことになってく

138

第9章 労務トラブルにならないための賃金計算

る可能性もあると思います。以前ランチェスター経営の竹田先生の会社では、法人税を多少多めに支払っているとお話されておりましたが、なるほどと思いました。念のため残業代の計算方法を次章の伝説の賃金制度の第2章の賃金の決め方と計算方法及び支払い方の第8条割増賃金の計算方法に記載してありますので、見ておいていただきたいと思います。

2 日常の労働時間管理、ダラダラ残業はさせない

社長さん、残業代というのは、2割5分増しの賃金の支払いが労働基準法で定められており、違反すれば6か月以下の懲役又は30万円以下の罰金に処せられることもあるとなっています。大変重い法律があります。だから、新聞で時々大手企業が未払い残業代の支払いの記事が出ているのです。残業は2割5分増しということは、経営の視点でみれば人件費が一挙に2割5分増し、さらに法律改正があり、中小企業では2023年4月から月60時間を超えると5割増しになります。ですから賃金のアップ分、生産性を2割5分増しで上げて仕事をしてもらわないと合わないということです、労務比率を一気に上昇させるということをしっかり頭にいれるならば、労働者の残業については、社長さんの許可制にされるべきだと思います。どういうことかというと、よくあるのが、労働者が申し出た時間をそのまま残業にして計算している企業が意

139

外と多いということです。これでは、給料の低い会社では、少しでも賃金を多くもらいたいと考える労働者は、多少多めに言ってくると思います。また、なかには、時間内で出来る仕事であっても残業代欲しさにわざと残業をして残業代を稼ごうと思うのは、ある意味誰もが考えることです。

　これをしかっても仕方ありません。社長さんはそうならないように、労働時間の管理というものをしっかりしなければならないということです。簡単に言えばダラダラ残業はさせないと決意してやることです。こういうことが、やがて会社の業績アップにつながり、最終的には従業員さんの賃金にもなってくると思います。従業員数名だからといって、この労働時間の管理は決してナアナアにしないでください。社長さんが見てダラダラ残業をしているなと思われたら、残業は認めないで、時間内でやりあげることに全力で取り組むべきであると思います。こうすることにより、従業員さんの残業に対する甘い考えをなくすように日ごろから努力すべきであり、社長さんも出勤簿等で、勤務時間の管理はいつ何時間したかが明確に記録として残るようにしておくことが、従業員さんが退社したあと、サービス残業代請求ということから会社を守ることになると思いますので、何卒お願い申し上げます。

　序章で記載したように労働時間の月100時間以上残業させられないなど上限規制ができてきましたのでなおさらです。

第9章 労務トラブルにならないための賃金計算

3 住民税は普通徴収にする

　社長さん、私は業務がら賃金計算も依頼されてやっていますが、いつも疑問に思うことがあります。会社で住民税を徴収している会社していない会社があるという事実です。

　住民税も最近は引き上げがあり随分大きな額になりました。

　会社は市役所に届け出て毎月住民税を控除しています。これを特別徴収と呼んでいます。基本的にはこの特別徴収が原則ですが、一部例外があり現在は従業員2名以内とか給与が少なく税額が引けないなどの零細企業であれば普通徴収、いわゆる直接市役所から住民税を直接請求してもらうことができます。従って、3名以上の正規従業員がいる会社は普通徴収の対応はできないようです。これまでは、3名以上でも普通徴収を認めていた役所もあったようですがほぼ全国の市町村でできなくなってきたようです。従って従業員2名以下・給与が少なくて税額がひけないような会社であれば、毎月賃金計算も大変な訳ですから、住民税は役所から直接請求してもらう、いわゆる普通徴収にしたらいいと思います。従業員さんは賃金をもらっても、住民税でどんと手取りが減るのであれば、住民税を普通徴収にしている会社が同じ給与を支払って手取りが多いというのは、社長さんとしたら折角賃金を渡したにもかかわらず、同業他社より損をしてしまいます。

141

従業員さんがその辺のところが理解できるのであればいいのですが、逆に他社よりも賃金が少ない会社だと思ってしまうかもしれないということです。いかがですか、手取りで2万円違ったら大きいと思います。ある程度の規模の会社になり、総務担当者もいるような会社であればいいと思いますが、従業員2名以下の小規模企業では、住民税の徴収はいわゆる普通徴収でもいいのではないかと思います。こんなことを書くと、市役所の方からご批判をいただくかもしれませんが、ここは社長さんの考え方・判断になると思います。ここで社長さんにご理解いただきたいのは、従業員2名以下の会社であれば住民税を徴収しなくてもいいですよということをご理解いただけたらと思って記載しました。

> **5分ノート**
>
> 　労務トラブルにならないために、賃金計算は今後重要なトラブルに発展してくることが予想されますので、しっかり法律に従った計算が必要となります。無駄な残業をさせない労務管理が、普段から重要な社長さんの仕事であると思います。

第10章

賃金制度で決めたことを文書化する（伝説の賃金制度）

1 文書化することにより、言った言わないのトラブルを防止する

　社長さんこの章まで、賃金の決め方とその運用の方法について述べてきましたが、いかがでしたでしょうか？

　普段の会社経営の中で、賃金制度も考えるとこんなにも工夫できるのかと思われたのではないかと思います。

　わたしは、ときどき思うことがあります。日常の当たり前にやっていることを一度リセットして考えてみると、不思議と別の新しい側面が見えてくることがあります。賃金もその一つです。たとえば私は、このような仕事を日常しているものですから、顧問先のお客様で資格取得の依頼があり保険証ができたときには、社長さんのメッセージカードを私どもの

143

事務所でお作りして、従業員さんに年金事務所から送付された保険証と一緒に交付してもらうようにしています。会社も多額の費用を負担して社会保険に加入したのだから、カードを渡すだけでは能がないので、そこに一工夫しているわけです。いかがですか？これだけでも従業員さんの会社に対する意識が違ってくると思います。このように、様々な工夫ができるわけですが、そのようなものを私は、賃金制度ということで文書化することをお勧めします。基本的に口頭でも契約は成立しますが、会社という法人である以上、今後言った言わないといったことを防止する観点からも、賃金制度は文書化しておくことが、賃金についてのトラブル対策になってくると思います。

2 伝説の賃金制度とこの制度を命名する

　社長さん、どうしたら従業員さんに賃金制度を理解していただくかを考える必要があると思います。

　基本的には就業規則同様賃金規程などもあまり読むことはないと思います。見るとすれば、賞与か退職金のところぐらいかと思われます。そこで、従業員さんも親しみを込めて読めるように、伝説の賃金制度ということでネーミングしたらいかがかと思っています。このネーミングなんとなくわくわく感がありませんか？おそらく賃金制度にネーミングをつけ

144

第10章　賃金制度で決めたことを文書化する（伝説の賃金制度）

るなどということを書いている本は他にはないと思います。おそらく御社での初めての賃金制度になるから、このネーミングは問題ないのではないかと考えます。

　それでは、これまで述べてきた内容をサンプル伝説の賃金制度ということで以下に記載しますので、ご参考にしていただけたらと思います。巻末の資料にものせてありますのでこれで我が社もいいということであれば、コピー等していただき、ご活用いただけたらと思っています。

「伝説の賃金制度」

賃金支払いの経営理念

社長は従業員の賃金制度に関して、「お金」以外にも「感動」「成長」「信頼」「愛情」の「社長の心の報酬」が与えられるように、経営努力するものとする。

目　次

第1章　「総則」

第1条　目的とするところ

第2条　規程の改廃

第2章　「賃金の決め方と計算方法及び支払い方」

第1条　適用範囲

第2条　賃金の体系

第3条　基本給の考え方

第4条　手当等の考え方

第5条　通勤手当の考え方

第6条　手当の計算方法

第7条　変更の届出義務、不正の届出

第8条　割増賃金の計算方法

第9条　賃金の改定

第10条　賃金の支払い方法

第11条　賃金からの控除について

第12条　賃金の計算期間と支払日

第10章　賃金制度で決めたことを文書化する（伝説の賃金制度）

第13条　中途入社の賃金の計算方法

第14条　欠勤等の扱い

第15条　休暇休業等の賃金

第16条　賞与の考え方

第3章　「退職金の計算と支払い方」

第1条　適用範囲と考え方

第2条　退職金共済契約等

第3条　退職金の算定方式

第4条　退職金額

第5条　退職金の減額

第6条　勤続年数の計算

第7条　退職金の支払い方法

第8条　退職金の加算

第4章　「役員報酬の計算と支払い方」

第1条　適用範囲

第2条　支給の手続き

第3条　報酬の形態

第4条　報酬の決定基準

第5条　報酬の支払方法及び控除

第6条　退職慰労金の支払い

第7条　退職慰労金の算定式

第8条　役員報酬及び退職慰労金の減額等

第9条　死亡のときの取り扱い

147

第5章 「役員生命保険規程の考え方と支払い方法」(第二の
社長の給与)

第1条　目的とするところ

第2条　生命保険契約の契約形態

第3条　保険金について

第4条　保険料の負担

第5条　退職慰労金の算定式

第6条　保険金の使途及び支払い方法

第7条　保険証券の交付

第10章　賃金制度で決めたことを文書化する（伝説の賃金制度）

第1章

「総則」

（目的とするところ）

第1条　この規程は、従業員の賃金・賞与・退職金及び役員の役員報酬・退職慰労金・役員保険に関する事項と運用を定めるものである。

（規程の改廃）

第2条　賃金の決定から役員保険の決定までの規程は、社会情勢の変化による改定及び会社状況及び業績等の変化により必要がある場合には、従業員代表と協議のうえ改定又は廃止することがある。役員に関することについては、取締役会で決めるものとする。なお、疑義の解釈について、社長が最終的に判断するものとする。

第2章

「賃金の決め方と計算方法及び支払い方」

（適用範囲）

第1条　この規程は、正規従業員及び兼務役員が対象でありアルバイト等については個別労働契約により定めるものとする。

149

（賃金の体系）

第2条　賃金の体系は次のとおりとする。

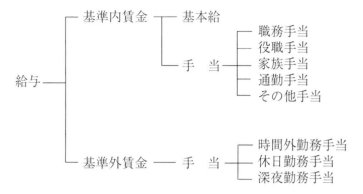

　「小規模企業の賃金体系は、年俸制などという制度もよくお聞きなると思いますが、月々の支払を基本とした賃金体系が、わかりやすくていいと思います」

（基本給の考え方）

第3条　基本給は、各自の技術、技能、経験及び年齢等を総合考慮のうえ決定する。

　その際世間相場連動型基本給を参考にすることがある。

　「この基本給をどのように決めるかで、賃金制度は大きくかわります。大企業の職能資格制度のような賃金表や等級表を活用したものなど、いろいろな展開ができます。そして、どの選択で基本給を設定するかで、複雑な賃金制度になるか、シンプルな賃金制度になるかが決まってしまいます。この本では、ラ

第10章　賃金制度で決めたことを文書化する（伝説の賃金制度）

ンチェスターの法則からも、シンプルな私が提案した世間相場連動型基本給を基本に決定する内容になっています。」

（手当等の考え方）

第4条　役職手当は、次の職位にある者に対し支給する。

 (1)　部長　　　月額　　　　　円

 (2)　課長　　　月額　　　　　円

2　前項第1号及び第2号の賃金には、あらかじめ割増賃金を含めるものとすることがある。但し、割増賃金が役職手当を越える部分については別途支給する。

3　職務手当は職務の内容・能力により支給する。ただし、能力が発揮されないときは支給しないこともある。

月額　　　　　円

4　家族手当は、税法上の扶養対象者がいるときに、1人5,000円支給する。ただし、配偶者は10,000円、3人までとする

 「社長さん、以前マクドナルドの残業代支払の記事が新聞紙上で大きく取り上げられていたのをご存知ですか？いわゆる、店長の残業代が免除になるかならないかが焦点になったケースです。結局マクドナルドは残業代を支払うといった内容になりました。その後この名ばかり管理職になるかどうか多くの企業で対策がとられるようになってきたと思います。この規程は管理職に対して、役職手当として固定残業代を支払うということ

151

を2項で定めています。社長さんのなかには、うちは、きちんと計算して支払われるということであれば2項は削除になると思います。職務手当は本人の職務の内容・能力により支給としていますが、その他の理由でもいいと思いますので、会社の都合に合わせて定めればよいと思います。職務手当などについては、同一労働同一賃金の働き方改革が中小企業にも2021年4月から適用されます。従ってパートさんだからと言って職務手当などをつけないといったことは、明確な合理的な基準がなければしないほうがいいと思います。退社時に正規従業員と同じ仕事をしてきたのに職務手当1万円支給されないのは、法律違反なので2年分の24万円支払えといったことは十分今後想定されます。また、小規模企業では、逆に支払うことによりこの人手不足において退職防止につながってくると思われます。」

（通勤手当の考え方）

第5条　通勤に電車、バス等の交通機関を利用する従業員に対しては、通勤に係る実費支弁を目的として1か月定期代相当額の通勤手当を支給する。ただし、通勤の経路及び方法は、最も合理的かつ経済的であると会社が認めたものに限ることとし、また非課税限度額を超える場合には非課税限度額を限度として支給する。

　　また、マイカーによる通勤の時は、税法上の非課税限度額を限度として支給する。

第10章　賃金制度で決めたことを文書化する（伝説の賃金制度）

但し、支給最高限度額は31,600円までとする。

　　「社長さん通勤手当については、基本的に会社が必ず支払わ
　なければならないものでは、ありません。任意です。一般的に
　は支給している会社が多いですが、たまに支給していない会社
　もあります。」

（手当の計算方法）

第６条　前条に規定する通勤手当は、支給事由が発生した月
　から支給事由が消滅した月まで支給するものとする。ただ
　し、賃金計算期間の途中に入社、退職、休職又は復職した
　場合における当該事由の発生した月の通勤手当の額は、中
　途入社の賃金の計算方法の定めるところによる。

　　「定年退職とか、会社都合による退職の時は、1か月分支払っ
　ている会社も多いように思われます」

（変更の届出義務、不正の届出）

第７条　通勤経路を変更するとき及び通勤距離に変更が生じ
　たときは、１週間以内に会社に届け出なければならない。

２　前項の届出を怠ったとき、又は不正の届出により通勤手
　当その他の賃金を不正に受給したときは、その返還を求め、
　懲戒の事由に基づき懲戒処分を行うことがある。

　　「社長さん、意外と、転居して会社に自宅が近くなったのに
　もかかわらず届出がされず、従前の通勤手当や家族手当といっ

153

たものが支払続けられているケースが多々みられます。また、1年に一回はマイカー通勤の時は、任意保険の加入状況も確認しておくことをお勧めします。」

（割増賃金の計算方法）

第8条　割増賃金は、次の算式により計算して支給する。ただし、適用除外に該当する者は、第1号及び第2号の時間外、休日に関する割増賃金は適用しない。

(1)　時間外労働割増賃金（法定労働時間を超えて労働させた場合）

$$\frac{基準内賃金}{1か月の平均所定労働時間数}\times(1+0.25)\times時間外労働時間数$$

(2)　休日労働割増賃金（法定の休日に労働させた場合）

$$\frac{基準内賃金}{1か月の平均所定労働時間数}\times(1+0.35)\times法定休日労働時間数$$

(3)　深夜労働割増賃金（午後10時から午前5時までの間に労働させた場合）

$$\frac{基準内賃金}{1か月の平均所定労働時間数}\times0.25\times深夜労働時間数$$

（基準内賃金には家族手当・通勤手当は含まないものとする）

2　前項にかかわらずある一定の企業規模になったときは1

第10章　賃金制度で決めたことを文書化する（伝説の賃金制度）

か月の時間外労働が60時間を超えたときは、前項第１号の算式中「0.25」とあるのを「0.5」と読み替える。当分は0.25とするものとする。但し法改正があり2023年４月からは0.5とする。

3　第１項各号の１か月平均所定労働時間数は、次の算式により計算する。

年間所定労働日数×１日所定労働時間数÷12

4　第１項各号の諸手当に割増賃金相当額が含まれるときは当該額を控除するものとする。

　　「社長さん、割増賃金いわゆる残業代の計算式は大変重要な箇所です。この計算は労働基準法に準じた計算式です。これを間違えて計算すると、退社したあと未払い残業代を支払えといったことが、ある日突然弁護士から内容証明郵便で送られてくるといったことがおきてきますので、しっかり対応していただきたいものです。残業代については、退社したあと、100万円とか200万円支払えといったことが、社長としては資金繰りの関係上一番困るわけです。おまけに裁判にでもなれば、弁護士費用とその解決のために社長さんの貴重な時間が失われます。それは、なんの生産性もない業務となります。ですから、社長さん毎月の経費は多少アップするかもしれませんが、しっかり計算して支給されることをお勧めします。そうすれば、社長さんも日頃から、従業員の時間管理には厳しくなってくるので、逆にいいと思われます。」

155

（賃金の改定）

第９条　基本給及び諸手当等の賃金の改定（昇給・降給・現状維持のいずれかとする。）については、原則として毎年　　　月　　　日に行うこととし、改定額については、会社の業績及び従業員の勤務成績等を勘案して各人ごとに決定する。

２　前項のほか、特別に必要があるときは、臨時に賃金の改定を行うことがある。

　　　「賃金の改定については、昇給・降給・現状維持の内容にしてあります。小規模企業では、大企業の賃金表にあるような毎年8,000円昇給とかの確定はできないと思われます。最悪の時は降給もあるわけです。このように定めておけば、仮に会社の経営が危機の場合に基本給20万円を19万円に降給するといったようなとき、不利益変更といった不当な争いが発生しにくくなってくると思われます。また、改定日は社会保険の算定基礎届のことを考慮すれば７月か９月がベストではないかと思います。」

（賃金の支払い方法）

第10条　賃金は通貨で直接本人にその全額を支払う。ただし、従業員との書面協定により、従業員が希望した場合は、その指定する金融機関等の口座への振込みにより賃金の支払いを行うことがある。

第10章　賃金制度で決めたことを文書化する（伝説の賃金制度）

　「このような定めをしていますが、社長さん従業員数名の会社では毎月直接こころを込めて渡すことをお勧めします。」

（賃金からの控除について）

第11条　次に掲げるものは、賃金から控除することがある。

(1)　源泉所得税

(2)　健康保険及び厚生年金保険の保険料（介護保険料を含む）の被保険者負担分

(3)　雇用保険の保険料の被保険者負担分

(4)　住民税（本人直接納付とすることがある）

(5)　労使協定により賃金から控除することとしたもの

　「住民税につきましては、前章でも記載していますが、社長さんは給与明細で少しでも多く渡したいのが人情かと思います。給与計算も毎月大変ですから、従業員2名までは、住民税は普通徴収で市役所から直接請求していただくやり方でもかまわないと思います。」

（賃金の計算期間と支払日）

第12条　賃金は、前月　　日から当月　　日までの分について、当月　　日に支払う。ただし、賃金支払日が休日にあたるときは、その前日に支払う。

2　賃金は原則社長が直接支給するものとする。

　「一般的に20日締め25日支払といった会社が多いですが、末

157

日支払といった感じで少し日数があいているほうが、余裕をもてるのでいいのではないかと思います。」

（中途入社の賃金の計算方法）

第13条　賃金計算期間の中途に入社、退社、休職、復職した場合は、その月の賃金を下記の計算式により日割計算して支払う。

$$\frac{基準内賃金}{1か月の平均所定労働日数}×出勤日数$$

「中途入社の計算方法は、この算式のケースが一般的かと思います」

（欠勤等の扱い）

第14条　欠勤、遅刻、早退及び私用外出をした場合の時間については、原則として1日又は1時間当たりの賃金額に欠勤、遅刻、早退及び私用外出の合計時間数を乗じた額を差し引くものとする。

⑴　遅刻・早退・私用外出等の控除

$$\frac{基本給}{1か月の平均所定労働時間数}×不就労時間数$$

⑵　欠勤控除

$$\frac{基本給}{1か月の平均の所定労働日数}×不就労日数$$

第10章　賃金制度で決めたことを文書化する（伝説の賃金制度）

「欠勤等の取扱いについては、特に労働基準法に特別の定めがあるわけではなく、社長さんがその計算方法を決めても OK です。」

（休暇休業等の賃金）

第15条　年次有給休暇の期間は、所定労働時間労働したときに支払われる通常の賃金を支給する。ただし、日により勤務時間数または勤務時間帯が異なり通常の賃金を算定しがたい場合は平均賃金を支給する。

2　次の休暇及び休業期間等は原則無給とする。

　　⑴　産前産後休業

　　⑵　育児・介護休業期間

　　⑶　育児時間

　　⑷　子の看護休暇・介護休暇

　　⑸　生理日の措置の日又は時間

　　⑹　母性健康管理のための休暇等の時間

　　⑺　公民権行使の時間又は日

　　⑻　休職の定めによる休職期間

3　⑴⑵については健康保険制度・雇用保険制度の給付条件を満たせば、各制度から所得補償をうけることができるものとする。

4　会社の責めに帰すべき事由により、休業したときは、休業手当を支給する。休業手当の額は、１日につき平均賃金

159

の6割とする。

　「4項については、労働基準法にも定めがあり、やむなく会社の都合で休業させるときの定めで、数年前リーマンショック以後仕事が無い会社が続出したため、休業させた会社に雇用の維持を確保してくれということで、この休業に対して8割の助成金が支給されていました。これがいわゆる雇用調整助成金という制度です。社長さんの会社でも、どうしても従業員を休業させないとどうしても経営が厳しいときは、現在は受給条件も変わっていますが、この制度の活用をお勧めします。」

（賞与の考え方）

第16条　会社は、各期の業績を勘案して、原則として年2回、7月と12月に賞与を支給する。ただし、会社の業績の著しい低下その他やむを得ない事由がある場合には、支給時期を延期し、又は支給しないことがある。

2　前項の賞与の評価対象期間は次のとおりとし、支給日当日に会社に在籍し、かつ通常に勤務していた者について支払うこととする。

賞与支給月	評価対象期間
7月	前年12月1日から当年5月31日
12月	当年6月1日から当年11月30日

3　支給は原則社長が直接現金支給するものとする。

160

第10章　賃金制度で決めたことを文書化する（伝説の賃金制度）

「社長さん、賞与については、規程で当社は何か月分支給するものとするといったことを記載しなければ、労働基準法で支給しなければならないと定められていないので、極端な話、支給ゼロでも問題はありません。最近はうちの顧問先でも賞与支給ゼロという会社もあります。一般的には小規模企業の会社では夏と冬で２か月分といった会社が多いように思われます。また、手当のところで記載しましたが、同一労働・同一賃金の働き方改革の施行により賞与も正規従業員との仕事の内容に合理的な相違理由がなければ、パートさんなどにもいくらか支払ったほうがいいと思います。これもパートさんなどの退職防止につながってくると思います。」

第3章

「退職金の計算と支払い方」

（適用範囲と考え方）

第1条　この規程の適用には、期間を定めて雇用される者及びアルバイトには適用しない。なお、当社の退職金を支給するときは、在職時の功労報償説として支給するものとする。なお定めない間はないものとする。

　　　「社長さん、退職金も労働基準法で必ず定めなければならないものではありません。但し、定めた時は、就業規則等に作成しなければならなくなります。ですから、当社はまだ退職金制度まで手が回らないということであれば、支給しないと定めてもOKです。」

（退職金共済契約等）

第2条　この規程による退職金の支給を確実にするために、会社は従業員を被共済者として勤労者退職金共済機構中小企業退職金共済事業本部（以下「中退共」という。）と退職金共済契約を締結することがある。または、生命保険会社との間で、退職金を目的とする生命保険契約を締結することがある。

2　契約を締結した時は、新たに雇い入れた従業員は、試用期間を経過し、本採用となった日より1年を経過した日の

162

第10章　賃金制度で決めたことを文書化する（伝説の賃金制度）

翌月に中退共と退職金共済契約を締結することがある。または、生命保険会社と退職金を目的とした契約を締結することがある。

　「社長さん小規模企業における退職金制度は、確定拠出年金・生命保険会社の企業年金などいくつか候補がありますが、小規模企業の会社では、この規定のような退職金共済制度か生命保険会社の養老保険を活用した退職金制度が、シンプルでランチェスター法則の一騎打ち戦の戦い方に連動しますので、対従業員さん対策としてはベストな選択ではないかと思います。その他の制度も立派な制度ですが、それは比較的従業員も30名以上いるような会社では運用できると思いますが、この本の読者である小規模企業の会社では、重荷になってくる制度ではないかと私は思います。」

（退職金の算定方式）

第３条　退職金は退職金共済制度又は、生命保険会社との締結した場合には、契約の内容の金額の範囲内で退職金を支給するものとする。生命保険の契約による退職金は退職の時点でのその保険の解約返戻金の範囲内で支給するものとする。

　「退職金の計算は一般的には、勤続年数比例方式で、30年勤務したから基本給の20倍支給しますといったケースが中小企業ではこれまで一般的なケースでした。しかし、小規模企業では

163

この規程のように、退職金共済制度、または生命保険の解約返戻金の範囲内と定めることが、将来の資金繰りとか総合的に検討してもベストではないかと思います。このことで、社長さん退職金の積立不足に悩まされることはなくなります。何故なら、制度の支給の範囲内で支給すると定めてあるからです。そして、会社が軌道に乗りある程度の規模になったときに、30年勤続で500万とか30年勤続で基本給の20倍支給するといった制度に変更していけばいいと思います。小規模企業では、なかなか退職金制度の管理も十分できないので、本書の提案のような退職金制度がベストかと思います。」

（退職金額）

第4条　当該規程の適用を受ける従業員が1年以上勤務した場合であって、次の各号のいずれかに該当する事由により退職したときは、退職金共済制度または、生命保険会社の保険契約の支払をもって支給するものとする。

⑴　定年に達したとき

⑵　役員（ただし、兼務役員を除く）に就任したとき

⑶　業務外の私傷病により担当職務に耐え得ないと認めたとき

⑷　業務上の傷病によるとき

⑸　会社都合によるとき

⑹　死亡したとき

第10章　賃金制度で決めたことを文書化する（伝説の賃金制度）

2　当該従業員が、次の各号のいずれかに該当する事由により退職したときは、前項の6割を支給するものとする。

⑴　自己都合によるとき

⑵　休職期間が満了して復職できないとき

　　「自己都合のときの減額の規定ですが、退職金共済制度のケースでは、一律退職理由に関係なく支給されますので対応できないと思います。ですから、この制度を両方採用する2階建ての退職金制度にすれば対応できるようになりますので、2階建ての併用の退職金の制度導入もしくは保険会社の退職金制度の単独導入でもいいのではないかと思います。」

（退職金の減額）

第5条　懲戒処分があった場合には退職金の未支給若しくは減額をすることがある。この場合、中退共から支給される退職金について、会社はその減額を申し出ることがある。

　　「社長さん、この減額は退職金共済制度のケースですとよほどのことが無い限り減額支給できませんので、やはり、前条のような2階建ての制度によって対応するか、保険会社の退職金制度にするしか対応はできないと思います。」

（勤続年数の計算）

第6条　第4条の勤続年数の計算は、雇い入れた月から退職の月までとし、1年に満たない端数月は切り捨てる。

165

2　休職期間及び業務上の負傷又は疾病以外の理由による欠勤が１か月を超えた期間は勤続年数に算入しない。

　　　「勤続年数の端数月の考え方としては、四捨五入や切り捨てなど会社独自に決めることができます。」

（退職金の支払方法）

第７条　退職金は、会社が従業員（従業員が死亡した場合はその遺族）に交付する退職金共済手帳により、従業員又は遺族が中退共から直接支給を受けるものとする。生命保険会社との保険契約の時は、会社から直接支払われるものとする。

2　従業員が退職又は死亡したときは、やむを得ない理由がある場合を除き、本人又は遺族が退職又は死亡後すみやかに中退共に対して退職金を請求できるよう、会社は本人の退職又は死亡後遅滞なく退職金共済手帳を本人又は遺族に交付する。生命保険契約の時は、遺族が死亡保険金の受取人の時は請求にもとづき，遺族に保険金が支払われるものとする。

3　退職金の支給は原則社長が直接支給するものとする。ただし、退職金共済制度による時は、その契約に定めれれた金額が中小企業退職金共済から直接送金されるものとする。

　　　「退職金の支払については、社長さんとしては直接現金で支

第10章　賃金制度で決めたことを文書化する（伝説の賃金制度）

払いたいものです。中小業退職金共済制度ですと、本人の銀行口座に直接入金になり、中には今まで会社が掛けてくれたのは、国の制度で当然の権利のように勘違いしているケースも散見されます。

　これでは、折角社長さんが何年も従業員さんのことを思って毎月〇万円かけ続けてきた甲斐がないというものです。仮に、退職時に200万円社長さんが今まで本当に頑張ってくれて有難うと言って渡すのと、1か月ぐらいして、銀行口座に200万円が印字されているのでは、同じ200万円ですがお金の重たさが全く違ってくると私は思っています。現金（福沢諭吉）は不思議な魅力を秘めています。社長の前で、200万円数えながら過ぎし日のことをおそらく走馬灯のように思い出し、社長さんに不満もいっぱいあったとしても、200枚の現金（福沢諭吉）が、従業員さんの心を感謝の気持ちにいくらかでも変えてくれる効果があると私は思っています。そのような、こころの触れ合いがあれば、退社してから未払い残業代支払えといったことは少なくなってくるのではないかと思います。」

（退職金の加算）

第8条　在職中の勤務成績が特に優秀で、会社の業績に功労顕著であったと会社が認めた従業員に対し、退職金を特別に加算して支給することがある。

　　「退職金の支給にあたり、特に功労があってもっと支払いた

いと社長さんが思うならば、社長さんの気持ちの範囲内でプラスして支給できる制度です。このような気持ちになる従業員さんを育てたいものですね。」

第四章
「役員報酬の計算と支払い方」

（適用範囲）

第1条　この規程は常勤の役員に適用する。

　　　　「役員報酬は原則、従業員給与ではありませんので、労働基準法の定めの適用は受けません。ですから、報酬規程の定め方で、ほとんど決まってしまいます。ですから、毎月1回支払の原則は適用されませんので、1年に一回年額を支払うというのでもOKです。」

（支給の手続き）

第2条　報酬、退職慰労金の支給については、会社法の定めるところにより、株主総会の承認を得て行うものとする。

（報酬の形態）

第3条　報酬は月額をもって定めるものとする。

　　　　「この報酬は、年額いくらといった定め方もできますが、小規模企業のときは、わかりやすい月額報酬制度の選択が無難か

168

第10章　賃金制度で決めたことを文書化する（伝説の賃金制度）

と思います。」

（報酬の決定基準）

第4条　報酬は、次の事項を総合的に判断して決めるものとする。

(1)　業務遂行の難易度

(2)　責任の度合い

(3)　会社の経営状態

(4)　従業員賃金との相対性

(5)　同業他社の相場

　　「役員報酬は、会社の売上や会社の利益などを総合的に判断して定めることになると思います」

（報酬の支払い方法及び控除）

第5条　報酬の支払方法及び控除については従業員の支払方法に準じるものとする。

（退職慰労金の支払い）

第6条　役員が任期満了等により、退職するときは、退職慰労金を支給することがあるものとする。

（退職慰労金の算定式）

第7条　退職慰労金は、支給すると定めた時は、本人の退職

169

時の報酬月額に在任年数および倍率を乗じて得られた額の累計額とする。

退職慰労金＝退任時報酬月額×在任年数×倍率

倍率は2倍から3倍の範囲内とする。

　　「退職慰労金の計算方法を定めておくことが、実際に退職した時の退職金が損金処理できるかどうかの税法上の重要なポイントになります。従って社長の第二の給与である役員保険の解約返戻金が支給されても損金部分と相殺できますので、税法上大変有利な処理ができます。このことで、毎月の保険料を給与にして、社会保険料・所得税と控除されて処理したときとは、大きな違いとなってきます。極端な言い方をすれば、会社で掛けてきた生命保険料が非課税でケースによっては丸々個人の所得に移管できるわけです。いかがですか？社長さんこのような制度を活用しない手はないと思います。」

（役員報酬及び退職慰労金の減額等）

第8条　役員報酬及び退職慰労金は、在任中会社に重大な損害を与えた時は、役員報酬及び退職慰労金を減額し、または支給しないことがあるものとする。

　　「小規模企業では、役員報酬及び退職金慰労金はほとんど社長さんのみだと思いますが、その他の役員に報酬又は退職慰労金を出すときは、このような定めがないと減額できないので、必要なことかと思います。」

170

第10章　賃金制度で決めたことを文書化する（伝説の賃金制度）

（死亡のときの取り扱い）

第９条　役員報酬及び退職慰労金は、役員が死亡したときは、その遺族に支給するものとする。

第５章
「役員生命保険規程の考え方と支払い方法」
（第二の社長の給与等）

（目的とするところ）

第１条　この規程は、役員生命保険の取扱いについて定めたものである。

> 「小規模企業では、役員保険は社長さんだけの加入になると思いますが、奥さんが役員の時は奥さんなども加入するケースがあります。中小企業では役員報酬や役員保険は、ある意味利益を抑えるために調節するケースも多いと思います。従って顧問の税理士さんと相談されることをお勧めします。」

（生命保険契約の契約形態）

第２条　会社は、役員の退職慰労金および弔慰金を確保するため、生命保険会社との間で役員を被保険者、役員の遺族を保険金受取人とする生命保険契約を締結することがあるものとする。また、保険の種類によっては、会社を保険金受取人とすることもあるものとする。この契約形態は従業

171

員の退職金制度にも取り入れるものとする。

　「この記載の中に死亡保険金の受取人が、役員の遺族としてあります。このことが、多くの会社の保険の本来資産計上の会計処理がその半分は損金で処理してもいいという契約形態になるかどうかの違いが出てきますので、契約時には保険会社の担当者に十分ご確認のほどお願いしたいと思います。」

（保険金について）
第３条　保険金は、次のとおりとする。

　本人の死亡保険金を死亡退職慰労金相当額とする。

（保険料の負担）
第４条　会社が保険料全額を負担するものとする。

（退職慰労金の算定式）
第５条　退職慰労金を支給する時は、最終役員報酬月額に在任年数および倍率を乗じて得られた額の範囲内とする。

（保険金の使途及び支払い方法）
第６条　解約返戻金または、保険金は、退職慰労金及び弔慰金に充当するものとする。また、支払いは原則直接社長が支払うものとする。

172

第10章　賃金制度で決めたことを文書化する（伝説の賃金制度）

（保険証券の交付）

第７条　役員が退職するときは、退職慰労金の全部または一部として、保険契約上の名義を退職役員に変更のうえ、保険証券を交付することがあるものとする。この時、保険契約の評価は、解約返戻金相当額とするものとする。従業員対象契約があるときは、同様な取り扱いをすることがあるものとする。

　　　「このような規程を定めておけば、退職時に退職金としての税法上の特典をいかしながら現金を動かす必要がないというメリットがあります。保険商品によっては、その保険を個人で払い続けたほうが有利なケースもあります。また、いざ解約した時でも解約返戻金が一時所得になるため、解約返戻金から必要経費を控除して50万円以下であれば非課税と言うこともありえます。このことは、契約時に保険会社の担当者にご確認のほどお願い致します。」

この規程は令和　年　月　日に制定し、実施する。

173

3 文書化することで、会社が大きくなっていったとき、総務担当の従業員に教育がしやすい

　社長さん伝説の賃金制度いかがでしたでしょうか？

　伝説の賃金制度のように文書化しておけば、やがて会社が大きくなって総務担当者を置くようになった時、総務担当者もこのような制度が文書化されていれば理解しやすいですし、新入社員などの研修にも活用できるのではないかと思います。また、従業員さんが増えて30名以上にもなれば賃金制度も職能資格制度等を活用した人事制度に改定していくことになってくると思います。従業員数名から30名以上に会社が発展していくのは、想像を絶する社長さんの情熱と経営戦略が必要になってくると思います。

　そのなかで、この本で紹介した世間相場連動型基本給を参考にしていただき、同業他社より、一円でも多く賃金を従業員さんに渡せる会社に成長していただきたいものであると思っています。最後に日ごろから尊敬しているランチェスター経営の竹田先生の中小企業の経営戦略13か条を参考に記載しました。簡潔にまとめられており、社長さんが経営全体のなかで、従業員さんの賃金や昇給又は賞与を支払うときなど、時折お読みいただければ、経営の気づきが得られるのではないかと思っています。

第10章 賃金制度で決めたことを文書化する（伝説の賃金制度）

竹田ランチェスター経営戦略13か条

読上げ100日　中小企業の成功戦略13か条　戦略理解

1．経営の目的は利益発生源の顧客を増やし、1位の地域か1位の商品を創ることにある。1位と2位や3位とでは、1人当たりの利益で3倍も4倍も差が出る。とにかく何かで1位になることを目指せ。

2．価値があるのは1位だけ。負けている地域や負けている商品をいくつ持っていても価値はない。スクラップだ。

3．経営力に限りがある弱者は、戦わずして勝てるものや勝ちやすいものに目標を定め、まず小さなもので1位になることを目指せ。

4．大衆相手の商品や市場規模が大きな商品を避け、小衆相手の商品や特殊用途の商品など、市場規模が小さな商品に目標を定めよ。

5．非関連の多角化や商品の幅を広げ過ぎると戦力が分散する。弱者は商品の幅を狭くし、強い商品に力をより集中せよ。

6．市場規模が大きな大都市や中心部は競争が激しい。弱者は独立性が高い地方の小都市か大都市の周辺、それに川や鉄道などで分断された、一騎打戦的地域を目標に選べ。

7．広域営業は弱い販売力を一層弱くする。弱者は営業範囲を狭くし、生産性マイナスの移動時間を、ライバルよ

り15％少なくせよ。

8. 取引が小口になる業種の遠距離営業は自殺行為。近い所から得意先を密集して作る、近距離営業を実行せよ。

9. 間接営業は弱い力を一層弱くする。弱者はエンドユーザーに一歩でも近づいた、接近戦的営業や直接戦的営業システムを作れ。

10. 営業マンの販売力は、訪問件数7割に質3割で決まる。弱者は訪問件数を重視し、業界平均の5割増しになる営業システムを作れ。

11. 商品をどこから買うかの決定権は、顧客が100％持っている。まずお客の仕事と人生に関心を示し、次に親切心と今一つの良さを加えて応対し、顧客から好かれて気に入られることで、地元№1を目指せ。

12. 時間は唯一平等な経営資源。弱者は朝型を中心に、必勝の3,200時間、圧勝の3,700時間を本業に集中して投入せよ。本業と関係のないことに時間を使うな。

13. これで1位になると決めたら簡単にあきらめるな。当初思っていた期間の、2倍から3倍は続けてみよ。必ず何かを成し遂げる。

番外 弱者は調子に乗るな。小さな成功で生活内容をかえるな。

ランチェスター経営㈱竹田陽一

第10章　賃金制度で決めたことを文書化する（伝説の賃金制度）

いかがでしょうか？社長さん意外とこのように箇条書きにしてみると、経営がすっきりすると思いませんか？従業員さんと毎朝朝礼で唱和するのもいいのではないか思います。

最後に私は、この仕事をしていて思うのは、小規模企業で働いている従業員さんは、みんななんだかんだといっても、最終的には、そうです社長さんのことが一番大好きだから働いてくれているのだと思います。日々の仕事のなかで、いろいろ失敗も多いと思いますが、その時は、自分の指導力がなかったからだと思い、従業員さんの人間性まで否定するしかり方は慎むべきだと思います。私は従業員さんは誰もが一個の天才であり、その隠れた能力をいかに引き出すかが、別の意味での社長さんの仕事ではないかと思っています。私もこれまで、２度のがんと戦ったり、人に言えない苦労を一杯してきました。それだからこそ思うのですが、経営者は自分の会社を人生道場と思ってほしいと思います。

世界中の人口の中から、何かのご縁があって一緒に仕事をする仲間ですから、従業員さんを本当に大事に思うこころをもつことが、一番大切かと思っています。

仮に従業員さんが退職しても、いつまでもあの社長のところで働いていて良かったと本当に思われる社長になりたいですね。そうなれば、いつまでもその従業員さんはあなたの会社のフアンであり、協力者となり続けていくと思います。

177

5分ノート

　伝説の賃金制度に文書化して、従業員の賃金から役員報酬・退職金まで、小規模企業だからこそ、トータルの賃金制度として制度化し、運用する。

ま と め

　最後までお読みいただき、大変有難うございました。「サッと作れる小規模企業の賃金制度」について、いくらかイメージを持っていただけましたか？

　実は私は、この改定版で17冊目になります。8年前私の1冊目の「サッと作れる零細企業の就業規則」を経営書院さんから出版していただき、どうしても小規模企業の社長さんが賃金の決め方に悩んでいるお話をお聞きするたびに、なにかお役に立てることができないか、多忙な社長さんでも悩まずに賃金をきめられないかとの思いが消えませんでした。このたび、お蔭様でまた、改訂版ということで経営書院さんから出版させていただけることになり感謝の気持ちでいっぱいです。

　今まで、本を書こうなどと8年前までは考えたこともありませんでした。また、私は字が下手なので、読むことは億劫ではありませんでしたが、こと書くことには大変臆病でした。

　そんな私が書く決心をしたのは、開業10年でなにか自分に区切りをつけなければならないと決意したからです。また、名古屋の私が入塾している、北見塾の北見昌朗先生やその他多くの塾生のかたが本を出版されていることに、刺激をうけ

たのかもしれません。また、開業時から尊敬しているランチェスター経営で有名な竹田先生のお話で、自分は大変字がへたくそで文章など一番苦手であったが、人の３倍かけてかいた。そして今ではベストセラーの本もでている。仮に文章が苦手な方は人の三倍かけて書けばいいとのお話をお聞きし感動しました。また、このような動機から、今回の出版にいたりました。多くの先生方のご支援があったからこそだと深く感謝申し上げます。

　また、出版に際してインプルーブの小山社長には大変お世話になり有難うございました。それに、経営書院出版部のご指導には深く感謝申しあげます。

　今回のテーマである、小規模企業向けの賃金の本が、今まであまり出版されていなかったので、私でも書けたのではないかと思っています。この本に書かれていることは、同業者の社会保険労務士の方や賃金コンサルタントの方から見れば、三村さんのいう賃金制度はおかしいし、そのような形で賃金を決めるべきでないと、お叱りをうけるかもしれないと思っています。しかし、小規模企業の会社であれば、私は、複雑な賃金理論はいらないのではないかと思っています。

　現に私も何社か従来の職能資格制度による賃金制度を導入した会社もあります。そのような経験に基づいてこの本で紹介したような考え方もあっていいのではないかと思う次第で

す。また、会社が最低でも30名以上の規模に成長してきた時には、やはり、賃金コンサルタント等に相談されて、本格的な賃金制度に着手していくべきではないかと思います。この本が、社長様の賃金制度への関心をもっていただけるキッカケになれば幸いかと思っています。

そして、日本には、賃金センサスのような素晴らしいデータがあります。無料で活用できるこのような資料を有効に活用しない手はないと思います。このようなことから、私は、この本がいくらか小規模企業の社長様の賃金の決定にお役にたてれば幸いと思っています。

ちなみに、顧問先で、私の提案する賃金制度は大変分かりやすくていいですと現在のところ好評です。また、この本では、役員報酬や第二の給与についても記述しましたが、これも顧問先のお客様や、税理士の先生方からもご好評です。

いづれにしても、賃金は人間が生活していくうえで、根本的な課題です。この本をお読みいただいた社長さんが、適正な賃金水準を理解していただき、今日の働き方改革を上手にのりきって会社が益々発展されることをこころより祈念するものであります。

それから、人は経済関係だけで物事を考えますが、もっと人間としてどうあるべきかといった視点で、経営者も従業員さんも考える必要があるのではないかと思います。そんなふ

181

うに考えるとき、いくらかでも今回提案の伝説の賃金制度が、更なる会社の発展にお役にたてれば幸いと思っています。本当に最後までお読みいただき大変有難うございました。

巻末資料

巻末資料

平成30年4月分（5月納付分）からの健康保険・厚生年金保険の保険料額表

・健康保険料率：平成30年3月分〜　適用　　・厚生年金保険料率：平成29年9月分〜　適用
・介護保険料率：平成30年3月分〜　適用　　・子ども・子育て拠出金率：平成30年4月分〜　適用

（東京都）　　　（単位：円）

標準報酬 等級	標準報酬 月額	報酬月額 円以上	報酬月額 円未満	介護保険第2号被保険者に該当しない場合 9.90% 全額	折半額	介護保険第2号被保険者に該当する場合 11.47% 全額	折半額	一般、坑内員・船員 18.300%※ 全額	折半額
1	58,000	～	63,000	5,742.0	2,871.0	6,652.6	3,326.3		
2	68,000	63,000	73,000	6,732.0	3,366.0	7,799.6	3,899.8		
3	78,000	73,000	83,000	7,722.0	3,861.0	8,946.6	4,473.3		
4(1)	88,000	83,000	93,000	8,712.0	4,356.0	10,093.6	5,046.8	16,104.00	8,052.00
5(2)	98,000	93,000	101,000	9,702.0	4,851.0	11,240.6	5,620.3	17,934.00	8,967.00
6(3)	104,000	101,000	107,000	10,296.0	5,148.0	11,928.8	5,964.4	19,032.00	9,516.00
7(4)	110,000	107,000	114,000	10,890.0	5,445.0	12,617.0	6,308.5	20,130.00	10,065.00
8(5)	118,000	114,000	122,000	11,682.0	5,841.0	13,534.6	6,767.3	21,594.00	10,797.00
9(6)	126,000	122,000	130,000	12,474.0	6,237.0	14,452.2	7,226.1	23,058.00	11,529.00
10(7)	134,000	130,000	138,000	13,266.0	6,633.0	15,368.8	7,683.4	24,522.00	12,261.00
11(8)	142,000	138,000	146,000	14,058.0	7,029.0	16,287.4	8,143.7	25,986.00	12,993.00
12(9)	150,000	146,000	155,000	14,850.0	7,425.0	17,205.0	8,602.5	27,450.00	13,725.00
13(10)	160,000	155,000	165,000	15,840.0	7,920.0	18,352.0	9,176.0	29,280.00	14,640.00
14(11)	170,000	165,000	175,000	16,830.0	8,415.0	19,499.0	9,749.5	31,110.00	15,555.00
15(12)	180,000	175,000	185,000	17,820.0	8,910.0	20,646.0	10,323.0	32,940.00	16,470.00
16(13)	190,000	185,000	195,000	18,810.0	9,405.0	21,793.0	10,896.5	34,770.00	17,385.00
17(14)	200,000	195,000	210,000	19,800.0	9,900.0	22,940.0	11,470.0	36,600.00	18,300.00
18(15)	220,000	210,000	230,000	21,780.0	10,890.0	25,234.0	12,617.0	40,260.00	20,130.00
19(16)	240,000	230,000	250,000	23,760.0	11,880.0	27,528.0	13,764.0	43,920.00	21,960.00
20(17)	260,000	250,000	270,000	25,740.0	12,870.0	29,822.0	14,911.0	47,580.00	23,790.00
21(18)	280,000	270,000	290,000	27,720.0	13,860.0	32,116.0	16,058.0	51,240.00	25,620.00
22(19)	300,000	290,000	310,000	29,700.0	14,850.0	34,410.0	17,205.0	54,900.00	27,450.00
23(20)	320,000	310,000	330,000	31,680.0	15,840.0	36,704.0	18,352.0	58,560.00	29,280.00
24(21)	340,000	330,000	350,000	33,660.0	16,830.0	38,998.0	19,499.0	62,220.00	31,110.00
25(22)	360,000	350,000	370,000	35,640.0	17,820.0	41,292.0	20,646.0	65,880.00	32,940.00
26(23)	380,000	370,000	395,000	37,620.0	18,810.0	43,586.0	21,793.0	69,540.00	34,770.00
27(24)	410,000	395,000	425,000	40,590.0	20,295.0	47,027.0	23,513.5	75,030.00	37,515.00
28(25)	440,000	425,000	455,000	43,560.0	21,780.0	50,468.0	25,234.0	80,520.00	40,260.00
29(26)	470,000	455,000	485,000	46,530.0	23,265.0	53,909.0	26,954.5	86,010.00	43,005.00
30(27)	500,000	485,000	515,000	49,500.0	24,750.0	57,350.0	28,675.0	91,500.00	45,750.00
31(28)	530,000	515,000	545,000	52,470.0	26,235.0	60,791.0	30,395.5	96,990.00	48,495.00
32(29)	560,000	545,000	575,000	55,440.0	27,720.0	64,232.0	32,116.0	102,480.00	51,240.00
33(30)	590,000	575,000	605,000	58,410.0	29,205.0	67,673.0	33,836.5	107,970.00	53,985.00
34(31)	620,000	605,000	635,000	61,380.0	30,690.0	71,114.0	35,557.0	113,460.00	56,730.00
35	650,000	635,000	665,000	64,350.0	32,175.0	74,555.0	37,277.5		
36	680,000	665,000	695,000	67,320.0	33,660.0	77,996.0	38,998.0		
37	710,000	695,000	730,000	70,290.0	35,145.0	81,437.0	40,718.5		
38	750,000	730,000	770,000	74,250.0	37,125.0	86,025.0	43,012.5		
39	790,000	770,000	810,000	78,210.0	39,105.0	90,613.0	45,306.5		
40	830,000	810,000	855,000	82,170.0	41,085.0	95,201.0	47,600.5		
41	880,000	855,000	905,000	87,120.0	43,560.0	100,936.0	50,468.0		
42	930,000	905,000	955,000	92,070.0	46,035.0	106,671.0	53,335.5		
43	980,000	955,000	1,005,000	97,020.0	48,510.0	112,406.0	56,203.0		
44	1,030,000	1,005,000	1,055,000	101,970.0	50,985.0	118,141.0	59,070.5		
45	1,090,000	1,055,000	1,115,000	107,910.0	53,955.0	125,023.0	62,511.5		
46	1,150,000	1,115,000	1,175,000	113,850.0	56,925.0	131,905.0	65,952.5		
47	1,210,000	1,175,000	1,235,000	119,790.0	59,895.0	138,787.0	69,393.5		
48	1,270,000	1,235,000	1,295,000	125,730.0	62,865.0	145,669.0	72,834.5		
49	1,330,000	1,295,000	1,355,000	131,670.0	65,835.0	152,551.0	76,275.5		
50	1,390,000	1,355,000	～	137,610.0	68,805.0	159,433.0	79,716.5		

※厚生年金基金に加入している方の厚生年金保険料率は、基金ごとに定められている免除保険料率（2.4%〜5.0%）を控除した率となります。

加入する基金ごとに異なりますので、免除保険料率および厚生年金基金の掛金については、加入する厚生年金基金にお問い合わせください。

◆介護保険第2号被保険者は、40歳から64歳までの方であり、健康保険料率（9.90%）に介護保険料率（1.57%）が加わります。
◆等級欄の（　）内の数字は、厚生年金保険の標準報酬月額等級です。
　4(1)等級の「報酬月額」欄は、厚生年金保険の場合「93,000円未満」と読み替えてください。
　34(31)等級の「報酬月額」欄は、厚生年金保険の場合「605,000円以上」と読み替えてください。
◆平成30年度における全国健康保険協会の任意継続被保険者について、標準報酬月額の上限は、280,000円です。

○被保険者負担分(表の折半額の欄)に円未満の端数がある場合
　①事業主が、給与から被保険者負担分を控除する場合、被保険者負担分の端数が50銭以下の場合は切り捨て、50銭を超える場合は切り上げて1円となります。
　②被保険者が、被保険者負担分を事業主へ現金で支払う場合、被保険者負担分の端数が50銭未満の場合は切り捨て、50銭以上の場合は切り上げて1円となります。
　(注)①、②にかかわらず、事業主と被保険者間で特約がある場合には、特約に基づき端数処理をすることができます。

○納入告知書の保険料額
　納入告知書の保険料額は、被保険者個々の保険料を合算した金額になります。ただし、合算した金額に円未満の端数がある場合は、その端数を切り捨てた額となります。

○賞与にかかる保険料額
　賞与にかかる保険料額は、賞与額から1,000円未満の端数を切り捨てた額（標準賞与額）に、保険料率を乗じた額となります。
　また、標準賞与額の上限は、健康保険は年間573万円（毎年4月1日から翌年3月31日までの累計額）となり、厚生年金保険と子ども・子育て拠出金の場合は月額150万円となります。

○子ども・子育て拠出金
　事業主の方は、児童手当の支給に要する費用等の一部として、子ども・子育て拠出金を負担いただくことになります。被保険者の負担はありません。
　この子ども・子育て拠出金の額は、被保険者個々の厚生年金保険の標準報酬月額および標準賞与額に、拠出金率（0.29%）を乗じて得た額の総額となります。

表頭分割　02　平成29年賃金構造基本統計調査

産業計　年齢階級別きまって支給する現金給与額, 所定内給与額, その他特別給与額及び年間賞与その他特別給与額（企業規模5～9人）

区分	男								女							
	年齢	勤続年数	所定内実労働時間数	超過実労働時間数	きまって支給する現金給与額	所定内給与額	年間賞与その他特別給与額	労働者数	年齢	勤続年数	所定内実労働時間数	超過実労働時間数	きまって支給する現金給与額	所定内給与額	年間賞与その他特別給与額	労働者数
	歳	年	時間	時間	千円	千円	千円	十人	歳	年	時間	時間	千円	千円	千円	十人
学歴計	46.3	12.4	175	9	302.9	287.6	416.0	64 271	43.7	10.2	168	5	227.5	220.5	422.5	38 135
～19歳	18.9	1.1	169	13	199.1	184.9	65.7	399	19.1	0.8	173	4	163.5	159.4	23.7	146
20～24歳	22.8	2.4	176	10	217.7	204.4	224.6	2 548	22.9	1.9	169	5	191.5	184.8	191.5	2 660
25～29歳	27.6	3.9	176	10	244.6	229.1	330.3	4 152	27.4	3.7	169	6	209.0	201.4	345.0	3 981
30～34歳	32.6	6.2	176	10	273.8	258.0	429.9	6 503	32.6	5.8	168	6	221.6	213.0	442.9	3 790
35～39歳	37.7	8.8	176	9	300.8	283.8	515.8	7 681	37.5	7.4	169	4	222.3	216.6	482.8	4 268
40～44歳	42.5	11.6	177	10	324.1	306.2	519.3	9 707	42.6	9.5	167	5	233.0	226.0	471.2	5 730
45～49歳	47.5	13.1	176	10	342.2	322.9	470.8	9 340	47.4	10.4	169	4	237.7	231.2	446.2	5 169
50～54歳	52.6	14.8	175	9	335.6	319.0	425.7	6 700	52.3	13.2	167	4	244.7	237.3	511.8	4 700
55～59歳	57.5	16.7	174	7	324.3	311.6	423.4	5 994	57.5	16.0	167	4	247.2	239.6	492.6	3 758
60～64歳	62.4	17.9	173	6	310.7	299.3	342.8	5 459	62.3	18.8	167	5	236.4	229.4	371.4	1 923
65～69歳	67.3	21.9	171	5	266.9	258.9	259.2	4 036	67.2	22.5	170	2	209.3	205.7	238.7	1 413
70歳～	73.9	23.7	168	3	238.0	233.7	148.9	1 753	74.5	29.6	169	5	213.8	207.7	287.2	598

産業　I 卸売業，小売業

区分	男								女							
学歴	年齢	勤続年数	所定内実労働時間数	超過実労働時間数	きまって支給する現金給与額	所定内給与額	年間賞与その他特別給与額	労働者数	年齢	勤続年数	所定内実労働時間数	超過実労働時間数	きまって支給する現金給与額	所定内給与額	年間賞与その他特別給与額	労働者数
	歳	年	時間	時間	千円	千円	千円	十人	歳	年	時間	時間	千円	千円	千円	十人
計	45.9	13.0	177	6	292.7	282.6	491.9	11 569	45.7	11.7	172	4	226.7	221.7	379.8	6 276
～19歳	19.2	2.1	153	5	147.2	142.1	1.3	20	19.4	0.5	169	0	167.1	167.1	0.0	17
20～24歳	23.0	2.6	177	10	205.7	193.4	206.1	351	22.5	2.0	172	4	165.0	161.0	150.6	278
25～29歳	27.5	3.9	175	9	242.0	228.5	428.0	866	27.6	4.3	173	4	204.6	199.0	292.9	585
30～34歳	32.6	6.4	178	7	265.0	253.6	525.2	1 209	32.3	5.5	174	3	224.2	219.8	548.2	576
35～39歳	37.5	8.7	178	6	284.3	274.3	532.7	1 457	37.5	8.3	174	3	237.4	233.1	447.7	555
40～44歳	42.5	11.8	179	6	302.3	289.5	590.2	1 745	42.6	11.0	169	2	227.7	223.9	389.5	1 080
45～49歳	47.4	13.2	179	6	334.4	322.3	576.4	1 806	47.5	12.1	171	2	229.5	224.1	409.9	758
50～54歳	52.5	16.6	176	7	318.4	306.8	477.3	1 220	52.2	14.3	171	5	251.6	243.7	466.9	812
55～59歳	57.6	17.5	177	3	311.6	305.2	494.5	1 122	57.3	16.0	176	5	243.0	235.8	378.1	704
60～64歳	62.7	21.4	173	3	298.9	292.9	420.4	953	62.2	18.1	171	3	226.4	223.8	250.4	430
65～69歳	67.4	22.5	168	2	268.4	266.2	309.4	583	67.5	21.1	174	3	205.3	203.0	196.3	359
70歳～	73.4	30.8	171	1	238.6	237.3	201.8	236	74.1	29.2	164	5	224.7	218.7	419.2	124

産業　　D建設業

区分	男								女							
学歴	年齢	勤続年数	所定内実労働時間数	超過実労働時間数	きまって支給する現金給与額	所定内給与額	年間賞与その他特別給与額	労働者数	年齢	勤続年数	所定内実労働時間数	超過実労働時間数	きまって支給する現金給与額	所定内給与額	年間賞与その他特別給与額	労働者数
	歳	年	時間	時間	千円	千円	千円	十人	歳	年	時間	時間	千円	千円	千円	十人
計	46.4	12.8	176	7	307.2	293.7	379.1	21 045	46.1	11.2	170	2	215.9	212.2	441.0	3 368
～19歳	18.8	1.0	168	13	210.7	196.3	72.2	275	19.5	1.5	160	12	164.2	153.0	0.0	18
20～24歳	22.7	2.6	178	9	231.5	219.5	306.9	1 195	22.8	2.4	173	2	191.4	185.3	373.3	185
25～29歳	27.8	4.6	177	6	264.0	253.4	331.7	1 061	27.3	3.4	173	1	224.8	223.5	328.8	208
30～34歳	32.7	7.0	179	7	291.4	279.1	379.5	1 940	32.6	5.0	165	4	220.6	216.0	1531.5	130
35～39歳	37.8	9.6	176	9	312.9	295.2	544.6	2 614	37.3	7.4	170	4	216.5	214.3	645.3	447
40～44歳	42.5	12.9	179	9	336.4	319.2	502.3	3 125	42.6	9.3	172	4	213.8	207.5	543.4	554
45～49歳	47.5	14.0	176	9	351.1	334.5	397.4	2 885	47.6	10.3	168	1	203.5	200.8	229.4	580
50～54歳	52.5	14.1	175	8	331.5	316.0	382.1	1 918	52.3	14.9	170	1	232.2	230.1	467.8	408
55～59歳	57.6	15.9	174	3	322.7	314.6	336.1	1 943	57.5	14.5	167	1	205.1	203.5	336.7	386
60～64歳	62.3	16.4	174	6	301.0	289.7	262.0	1 828	62.6	19.5	165	2	259.2	255.9	297.0	252
65～69歳	67.2	23.9	170	5	271.4	263.9	236.7	1 710	66.6	22.0	174	2	214.5	208.4	191.7	150
70歳～	74.2	22.4	168	3	227.6	223.2	109.0	553	73.9	30.0	174	18	176.8	156.5	50.1	51

巻末資料

産業　　　E製造業

区分	男								女							
	年齢 歳	勤続年数 年	所定内実労働時間数 時間	超過実労働時間数 時間	きまって支給する現金給与額 千円	所定内給与額 千円	年間賞与その他特別給与額 千円	労働者数 十人	年齢 歳	勤続年数 年	所定内実労働時間数 時間	超過実労働時間数 時間	きまって支給する現金給与額 千円	所定内給与額 千円	年間賞与その他特別給与額 千円	労働者数 十人
学歴 計	46.6	12.7	174	13	294.8	272.4	396.6	11 886	48.1	13.0	169	6	196.7	189.0	203.3	3 789
～19歳	18.9	1.2	174	14	180.9	164.8	45.4	71	19.4	1.1	182	2	133.4	131.7	11.2	12
20～24歳	22.7	2.1	173	21	209.1	184.5	154.5	426	22.9	2.1	170	10	174.8	163.5	92.2	132
25～29歳	27.7	3.8	176	19	242.3	215.8	303.6	819	27.6	2.6	176	15	194.9	177.2	84.9	247
30～34歳	32.3	5.8	176	17	262.0	236.3	375.5	1 223	32.6	4.1	173	6	186.5	174.1	118.4	333
35～39歳	37.5	8.9	175	15	293.7	269.8	448.6	1 278	37.5	6.8	170	6	198.9	192.5	190.1	326
40～44歳	42.5	11.6	175	13	328.4	302.6	511.1	1 744	42.7	10.1	168	5	204.4	197.1	189.1	514
45～49歳	47.5	12.9	174	15	326.0	298.5	505.3	1 718	47.4	11.2	171	5	213.2	206.8	316.8	494
50～54歳	52.6	15.3	175	11	338.2	315.2	399.8	1 361	52.6	14.3	167	5	204.6	197.8	274.6	508
55～59歳	57.5	17.6	174	12	321.3	300.7	494.6	1 124	57.5	16.4	164	5	204.0	196.2	208.2	457
60～64歳	62.4	19.7	173	9	282.3	265.9	295.1	946	62.3	21.4	164	5	188.9	182.6	182.2	336
65～69歳	67.3	21.2	172	6	245.1	235.8	206.5	719	67.2	25.3	170	2	171.7	168.4	168.5	270
70歳～	73.7	24.9	169	3	242.8	237.5	167.1	457	73.6	32.1	170	1	175.3	174.1	254.4	159

189

産業　　H通輸業、郵便業

区分		男								女							
		年齢	勤続年数	所定内実労働時間数	超過実労働時間数	きまって支給する現金給与額	所定内給与額	年間賞与その他特別給与額	労働者数	年齢	勤続年数	所定内実労働時間数	超過実労働時間数	きまって支給する現金給与額	所定内給与額	年間賞与その他特別給与額	労働者数
		歳	年	時間	時間	千円	千円	千円	十人	歳	年	時間	時間	千円	千円	千円	十人
学歴	計	50.1	10.1	179	20	303.9	267.6	177.0	3 453	45.6	7.9	172	9	238.2	225.0	227.3	332
	～19歳	18.8	0.5	174	0	148.7	148.7	0.0	0	19.5	1.5	141	0	125.3	125.3	0.0	2
	20～24歳	22.8	1.9	165	4	249.5	242.6	25.5	20	24.4	0.8	181	37	220.1	177.9	108.4	12
	25～29歳	28.1	2.7	175	25	261.6	226.1	204.9	76	27.8	2.0	182	6	230.4	226.6	229.4	21
	30～34歳	32.8	3.8	185	23	280.4	237.8	200.2	205	32.6	4.4	163	6	174.2	167.9	174.5	8
	35～39歳	37.9	7.4	182	21	317.8	283.6	375.0	308	37.8	4.5	173	17	219.3	197.4	141.0	49
	40～44歳	42.5	8.2	179	24	302.9	264.0	200.1	598	42.9	5.5	174	11	235.9	221.6	111.4	73
	45～49歳	47.4	9.3	180	27	329.8	279.2	134.0	535	47.5	8.6	168	7	262.7	246.1	210.6	68
	50～54歳	52.6	10.6	180	18	316.7	285.7	137.0	564	52.5	12.0	172	7	226.7	221.3	218.6	40
	55～59歳	57.5	11.7	176	20	309.1	274.1	153.1	460	57.2	11.7	173	5	273.3	266.0	458.5	28
	60～64歳	62.5	13.9	179	19	292.5	255.9	153.8	350	63.1	13.0	177	1	242.8	240.6	476.0	19
	65～69歳	67.4	16.2	178	9	275.9	254.0	157.1	254	67.4	21.3	163	3	244.7	240.4	766.7	11
	70歳～	72.9	16.8	180	9	220.6	209.1	72.3	83	72.7	20.6	128	0	167.6	167.6	41.6	3

産業　　J金融業、保険業

巻末資料

区分		男								女							
学歴		年齢 歳	勤続年数 年	所定内実労働時間数 時間	超過実労働時間数 時間	きまって支給する現金給与額 千円	所定内給与額 千円	年間賞与その他特別給与額 千円	労働者数 十人	年齢 歳	勤続年数 年	所定内実労働時間数 時間	超過実労働時間数 時間	きまって支給する現金給与額 千円	所定内給与額 千円	年間賞与その他特別給与額 千円	労働者数 十人
計		48.0	9.8	168	1	328.5	326.4	567.4	360	46.9	10.1	165	2	247.8	244.2	369.6	331
～19歳		19.5	1.5	182	0	198.6	198.6	110.0	0	-	-	-	-	-	-	-	-
20～24歳		23.2	1.5	174	2	187.2	184.2	144.7	4	22.5	1.4	162	3	177.2	171.5	241.2	8
25～29歳		27.6	2.8	166	1	234.9	232.1	354.7	20	27.5	3.1	168	2	218.7	215.6	218.9	20
30～34歳		32.9	4.5	172	1	275.5	274.4	411.7	40	32.8	5.3	166	3	212.1	208.1	437.8	23
35～39歳		38.2	7.1	169	0	290.8	290.3	399.7	39	38.1	7.7	164	3	221.3	217.2	341.2	24
40～44歳		42.3	7.8	171	1	319.2	316.1	601.1	61	42.6	9.0	165	1	232.4	230.7	414.1	60
45～49歳		47.3	10.4	168	1	370.4	367.3	528.7	53	47.4	11.6	166	2	251.9	247.2	388.1	68
50～54歳		52.7	12.1	168	1	428.5	426.7	935.9	29	52.6	11.0	163	2	274.7	270.4	401.5	57
55～59歳		57.4	14.5	168	1	419.0	415.6	1130.9	40	57.5	12.4	164	2	269.0	265.6	442.5	39
60～64歳		62.9	13.5	165	1	312.5	311.3	435.1	44	61.5	15.6	168	4	205.3	199.9	302.4	19
65～69歳		67.6	12.8	161	0	288.3	287.9	494.9	16	68.4	20.0	170	0	305.8	305.8	51.3	10
70歳～		74.0	17.5	169	0	266.8	266.8	21.9	15	71.6	7.8	161	0	462.1	462.1	139.1	5

191

産業　　K不動産業、物品賃貸業

区分 学歴	男 年齢 歳	勤続年数 年	所定内実労働時間数 時間	超過実労働時間数 時間	きまって支給する現金給与額 千円	所定内給与額 千円	年間賞与その他特別給与額 千円	労働者数 十人	女 年齢 歳	勤続年数 年	所定内実労働時間数 時間	超過実労働時間数 時間	きまって支給する現金給与額 千円	所定内給与額 千円	年間賞与その他特別給与額 千円	労働者数 十人
計	46.4	10.8	178	7	329.2	316.5	499.8	1 236	43.4	9.6	170	2	256.3	251.9	334.3	800
～19歳	19.5	1.5	175	32	193.3	170.3	981.7	1	19.5	0.5	182	0	140.0	140.0	0.0	1
20～24歳	22.5	2.1	181	10	221.8	208.5	225.3	20	23.5	1.8	172	2	209.0	206.1	86.1	48
25～29歳	26.9	3.4	182	9	246.8	235.2	329.0	97	27.8	2.9	161	1	191.3	189.3	200.4	99
30～34歳	32.8	4.0	179	7	263.8	250.8	410.4	139	33.1	7.1	167	1	232.2	230.8	285.7	87
35～39歳	37.4	7.1	177	8	302.3	284.8	486.6	141	37.1	8.1	171	2	229.3	226.5	447.7	64
40～44歳	42.6	9.4	177	8	347.1	331.2	778.8	148	42.6	7.4	170	4	282.3	272.5	272.0	136
45～49歳	47.5	13.4	183	10	414.6	397.4	638.3	222	47.7	13.8	173	3	281.5	276.9	348.7	124
50～54歳	52.5	16.1	181	3	406.7	397.0	600.4	124	52.2	11.3	172	3	299.9	295.0	439.1	107
55～59歳	57.1	15.7	168	4	322.4	312.7	326.9	188	57.8	15.3	172	2	276.7	272.9	527.0	77
60～64歳	62.7	12.7	173	6	313.5	306.6	509.2	83	62.1	15.8	163	2	278.5	275.5	561.7	15
65～69歳	67.6	14.2	178	5	246.2	240.1	216.7	49	68.0	20.4	175	2	249.7	246.8	365.5	29
70歳～	72.4	13.6	179	2	268.2	266.5	377.1	26	74.9	19.0	165	0	224.2	223.5	233.7	13

産業　M宿泊業，飲食サービス業

区分	男								女							
	年齢	勤続年数	所定内実労働時間数	超過実労働時間数	きまって支給する現金給与額	所定内給与額	年間賞与その他特別給与額	労働者数	年齢	勤続年数	所定内実労働時間数	超過実労働時間数	きまって支給する現金給与額	所定内給与額	年間賞与その他特別給与額	労働者数
	歳	年	時間	時間	千円	千円	千円	十人	歳	年	時間	時間	千円	千円	千円	十人
学歴計	42.4	8.9	182	6	269.3	260.0	132.8	1 243	45.5	10.3	175	4	204.2	199.1	96.2	866
～19歳	19.5	1.1	171	0	144.0	143.3	0.0	3	19.5	0.5	163	0	138.8	138.8	0.0	1
20～24歳	22.5	2.3	180	7	207.4	197.8	100.5	94	22.4	2.5	169	2	174.3	172.2	50.2	77
25～29歳	27.6	3.9	185	5	230.2	224.2	135.0	123	27.6	4.1	176	3	238.6	234.7	68.8	76
30～34歳	32.5	4.6	180	9	273.0	258.6	62.4	202	33.4	5.3	176	7	243.2	233.4	88.5	105
35～39歳	37.5	5.6	182	9	269.2	256.8	105.6	139	37.0	7.6	175	5	229.5	224.5	27.9	72
40～44歳	42.3	8.8	187	3	270.6	266.7	158.6	218	43.0	10.5	176	4	228.4	222.3	135.5	126
45～49歳	46.9	10.9	182	8	289.5	274.4	212.2	141	47.2	10.2	182	5	207.5	202.1	201.1	90
50～54歳	52.3	13.1	178	7	309.3	298.9	271.6	116	52.6	12.2	171	2	185.5	183.4	120.9	78
55～59歳	57.9	12.8	177	6	295.7	286.9	152.8	51	57.7	12.2	172	3	158.0	155.1	69.1	55
60～64歳	62.3	17.8	180	3	285.2	278.1	67.3	65	61.9	13.6	173	5	170.5	164.7	64.3	60
65～69歳	67.2	15.7	177	8	257.2	250.9	89.4	41	66.8	17.1	173	5	165.1	160.3	129.1	74
70歳～	74.5	24.6	179	0	281.8	281.6	1.1	51	72.3	27.8	175	6	194.0	187.8	23.6	53

産業　　N生活関連サービス業、娯楽業

| 区分 | 男 |||||||| 女 ||||||||
| | 年齢 | 勤続年数 | 所定内実労働時間数 | 超過実労働時間数 | きまって支給する現金給与額 | 所定内給与額 | 年間賞与その他特別給与額 | 労働者数 | 年齢 | 勤続年数 | 所定内実労働時間数 | 超過実労働時間数 | きまって支給する現金給与額 | 所定内給与額 | 年間賞与その他特別給与額 | 労働者数 |
	歳	年	時間	時間	千円	千円	千円	十人	歳	年	時間	時間	千円	千円	千円	十人
学歴　計	42.6	10.0	176	7	284.3	271.7	322.9	936	41.2	9.3	170	6	219.7	210.0	153.9	1 288
～19歳	19.5	0.5	155	0	142.2	142.2	0.0	4	18.6	0.7	172	2	153.6	151.2	0.9	25
20～24歳	23.3	2.6	179	4	184.4	180.0	43.5	73	22.3	2.2	178	5	177.4	172.0	48.2	146
25～29歳	27.3	3.2	174	11	220.9	203.6	101.9	87	27.3	4.8	175	5	205.6	199.4	90.9	160
30～34歳	32.7	7.4	176	8	279.1	263.8	657.0	139	32.2	6.7	167	9	224.4	213.5	104.5	160
35～39歳	37.4	10.0	177	8	298.8	281.3	459.6	117	37.8	10.3	172	6	218.2	211.6	280.2	98
40～44歳	42.1	10.2	176	10	291.1	280.0	187.0	160	42.1	8.8	162	6	219.4	209.5	192.6	212
45～49歳	47.7	13.8	180	10	321.8	303.4	406.2	99	47.0	11.7	167	3	235.8	229.9	404.7	122
50～54歳	52.9	13.8	174	5	340.9	333.3	361.6	83	52.1	12.5	177	7	265.2	247.6	143.6	92
55～59歳	57.4	12.4	175	8	327.0	311.7	282.3	68	57.3	11.6	179	7	242.6	220.8	109.3	159
60～64歳	62.6	13.4	177	3	311.9	306.7	367.0	59	62.8	16.4	153	1	177.3	174.2	106.6	51
65～69歳	66.7	18.9	161	4	309.9	304.1	86.1	20	66.7	25.7	161	2	226.3	222.7	93.3	51
70歳～	72.1	16.9	166	3	206.1	202.3	94.1	28	79.1	36.4	145	0	353.0	353.0	124.0	12

産業　　R89 自動車整備業

巻末資料

区分	男								女							
	年齢	勤続年数	所定内実労働時間数	超過実労働時間数	きまって支給する現金給与額	所定内給与額	年間賞与その他特別給与額	労働者数	年齢	勤続年数	所定内実労働時間数	超過実労働時間数	きまって支給する現金給与額	所定内給与額	年間賞与その他特別給与額	労働者数
	歳	年	時間	時間	千円	千円	千円	十人	歳	年	時間	時間	千円	千円	千円	十人
学歴　計	47.3	16.1	178	7	272.7	262.3	397.5	1 901	48.9	15.4	175	3	204.0	199.6	234.9	325
～19歳	18.5	2.5	216	33	216.7	184.7	310.0	8	19.5	1.5	188	1	135.8	135.0	450.0	3
20～24歳	23.2	2.6	169	6	171.0	164.1	146.8	66	22.0	2.9	164	2	142.3	140.5	128.3	2
25～29歳	26.7	3.9	176	10	209.9	197.2	270.0	108	27.0	3.7	179	6	169.1	163.2	224.9	13
30～34歳	32.5	9.0	179	8	251.6	238.0	421.9	178	33.0	5.1	172	4	190.3	185.4	173.9	23
35～39歳	37.5	7.3	179	7	261.6	251.1	395.8	200	38.9	9.9	178	4	193.7	191.8	115.9	33
40～44歳	42.6	12.9	183	10	304.2	285.6	568.4	235	42.7	11.4	167	5	209.4	202.7	302.5	72
45～49歳	47.1	15.0	178	8	301.8	289.9	445.6	373	47.3	14.4	174	2	176.6	174.5	153.9	33
50～54歳	52.1	18.8	176	6	285.9	276.2	431.5	183	53.1	19.3	183	2	207.0	204.3	269.2	45
55～59歳	57.7	22.3	177	2	276.7	273.1	323.6	134	58.0	18.7	175	4	194.0	190.1	264.7	42
60～64歳	62.4	25.0	177	2	288.7	285.7	358.9	177	62.3	16.8	183	3	194.7	190.7	134.5	12
65～69歳	66.9	29.3	176	3	258.5	252.3	350.6	204	67.1	26.3	182	4	233.0	225.9	321.3	38
70歳～	74.2	41.7	160	3	233.1	229.0	72.0	35	70.5	38.5	146	0	340.0	340.0	0.0	9

195

20 代 の 賃 金 計 算 表

	19	20	21	22	23	24	25	26	27	28	29
年　齢（男）											
（女）											
所定内給与額（男）											
（女）											
賞　与（男）											
（女）											
年　収（男）											
（女）											

	19	20	21	22	23	24	25	26	27	28	29
氏　名											
基 本 給											
職務手当											
役職手当											
通勤手当											
計											
賞　与											
年　収											

	19	20	21	22	23	24	25	26	27	28	29
昇給ピッチ（男）											
（女）											

巻末資料

30代の賃金計算表

	30	31	32	33	34	35	36	37	38	39
年　齢（男）										
（女）										
所定内給与額（男）										
（女）										
賞　与（男）										
（女）										
年　収（男）										
（女）										
氏　名										
基 本 給										
職務手当										
役職手当										
通勤手当										
手当計										
賞　与										
年　収										
昇給ピッチ（男）										
（女）										

197

40 代 の 賃 金 計 算 表

年　齢	40	41	42	43	44	45	46	47	48	49
（男）										
所定内給与額（女）										
賞　与（男）										
（女）										
年　収（男）										
（女）										

氏　名	40	41	42	43	44	45	46	47	48	49
基 本 給										
職務手当										
役職手当										
通勤手当										
計										
賞　与										
年　収										

昇　給 ピッチ	（男）									
	（女）									

50 代 の 賃 金 計 算 表

		50	51	52	53	54	55	56	57	58	59
年齢	（男）										
	（女）										
所定内給与額	（男）										
	（女）										
賞与	（男）										
	（女）										
年収	（男）										
	（女）										

氏名										
基本給										
職務手当										
役職手当										
通勤手当										
手当計										
賞与										
年収										

昇給ピッチ	（男）										
	（女）										

60 代 の 賃 金 計 算 表

年齢	60	61	62	63	64	65	66	67	68	69
所定内給与額（男）										
所定内給与額（女）										
賞与（男）										
賞与（女）										
年収（男）										
年収（女）										

氏名										
基本給										
職務手当										
役職手当										
通勤手当										
手当計										
賞与										
年収										

昇給ピッチ（男）										
昇給ピッチ（女）										

巻末資料

「伝説の賃金制度」
賃金支払いの経営理念

社長は従業員の賃金制度に関して、「お金」以外にも「感動」「成長」「信頼」「愛情」の「社長の心の報酬」が与えられるように、経営努力するものとする。

目　次

第1章　「総則」

第1条　目的とするところ

第2条　規程の改廃

第2章　「賃金の決め方と計算方法及び支払い方」

第1条　適用範囲

第2条　賃金の体系

第3条　基本給の考え方

第4条　手当等の考え方

第5条　通勤手当の考え方

第6条　手当の計算方法

第7条　変更の届出義務、不正の届出

第8条　割増賃金の計算方法

第9条　賃金の改定

第10条　賃金の支払い方法

第11条　賃金からの控除について

第12条　賃金の計算期間と支払日

201

第13条　中途入社の賃金の計算方法

第14条　欠勤等の扱い

第15条　休暇休業等の賃金

第16条　賞与の考え方

第3章　「退職金の計算と支払い方」

第1条　適用範囲と考え方

第2条　退職金共済契約等

第3条　退職金の算定方式

第4条　退職金額

第5条　退職金の減額

第6条　勤続年数の計算

第7条　退職金の支払い方法

第8条　退職金の加算

第四章　「役員報酬の計算と支払い方」

第1条　適用範囲

第2条　支給の手続き

第3条　報酬の形態

第4条　報酬の決定基準

第5条　報酬の支払方法及び控除

第6条　退職慰労金の支払い

第7条　退職慰労金の算定式

第8条　役員報酬及び退職慰労金の減額等

第9条　死亡のときの取り扱い

巻末資料

第5章 「役員生命保険規程の考え方と支払い方法」(第二の社長の給与)

第1条 目的とするところ

第2条 生命保険契約の契約形態

第3条 保険金について

第4条 保険料の負担

第5条 退職慰労金の算定式

第6条 保険金の使途及び支払い方法

第7条 保険証券の交付

第1章

「総　　則」

（目的とするところ）

第1条　この規程は、従業員の賃金・賞与・退職金及び役員
の役員報酬・退職慰労金等に関する事項と運用を定め
るものである。

（規程の改廃）

第2条　賃金の決定から役員生命保険の決定までの規程は、
関係諸法規の改定及び会社状況及び業績等の変化によ
り必要がある場合には、従業員代表と協議のうえ改定
又は廃止することがある。役員に関することにについ
ては、取締役会で決めるものとする。なお、疑義の解
釈について、社長が最終的に判断するものとする。

第2章

「賃金の決め方と計算方法及び支払い方」

（適用範囲）

第1条　この規程は、正規従業員及び兼務役員が対象であり
アルバイト等については個別労働契約により定めるも
のとする。

（賃金の体系）

第2条　賃金の体系は次のとおりとする。

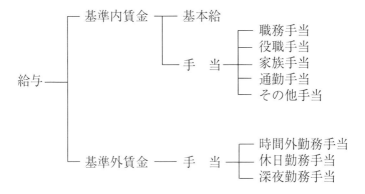

（基本給の考え方）

第3条　基本給は、各自の技術、技能、経験及び年齢等を総合考慮のうえ決定する。

その際世間相場連動型基本給を参考にすることがある。

（手当等の考え方）

第4条　役職手当は、次の職位にある者に対し支給する。

　　(1)　部長　　月額　　　円
　　(2)　課長　　月額　　　円

　2　前項第1号及び第2号の賃金には、あらかじめ割増賃金を含めるものとすることがある。但し割増賃金が

役職手当を越える部分については別途支給する。

3　職務手当は職務の内容・能力により支給する。ただ
　　　し、能力が発揮されないときは、支給しないこともあ
　　　る。

月額　　　　円

4　家族手当は、税法上の扶養対象者がいるときに、1
　　　人5,000円支給する。ただし、配偶者は10,000円、3人
　　　までとする

（通勤手当の考え方）

第5条　通勤に電車、バス等の交通機関を利用する従業員に
　　　　対しては、通勤に係る実費支弁を目的として1か月定
　　　　期代相当額の通勤手当を支給する。ただし、通勤の経
　　　　路及び方法は、最も合理的かつ経済的であると会社が
　　　　認めたものに限ることとし、また非課税限度額を超え
　　　　る場合には非課税限度額を限度として支給する。
　　　　また、マイカーによる通勤の時は、税法上の非課税限
　　　　度額を限度として支給する。
　　　　但し、支給最高限度額は31,600円とする。

（手当の計算方法）

第6条　前条に規定する通勤手当は、支給事由が発生した月
　　　　から支給事由が消滅した月まで支給するものとする。

206

巻末資料

ただし、賃金計算期間の途中に入社、退職、休職又は復職した場合における当該事由の発生した月の通勤手当の額は、中途入社の賃金の計算方法の定めるところによる。

（変更の届出義務、不正の届出）

第7条　通勤経路を変更するとき及び通勤距離に変更が生じたときは、1週間以内に会社に届け出なければならない。

2　前項の届出を怠ったとき、又は不正の届出により通勤手当その他の賃金を不正に受給したときは、その返還を求め、懲戒の事由に基づき懲戒処分を行うことがある。

（割増賃金の計算方法）

第8条　割増賃金は、次の算式により計算して支給する。ただし、適用除外に該当する者は、第1号及び第2号の時間外、休日に関する割増賃金は適用しない。

(1)　時間外労働割増賃金（法定労働時間を超えて労働させた場合）

$$\frac{基準内賃金}{1か月の平均所定労働時間数} \times (1 + 0.25) \times 時間外労働時間数$$

207

(2) 休日労働割増賃金(法定の休日に労働させた場合)

$$\frac{\text{基準内賃金}}{1\text{か月の平均所定労働時間数}}\times(1+0.35)\times\text{法定休日労働時間数}$$

(3) 深夜労働割増賃金（午後10時から午前5時までの間に労働させた場合）

$$\frac{\text{基準内賃金}}{1\text{か月の平均所定労働時間数}}\times0.25\times\text{深夜労働時間数}$$

(基準内賃金には家族手当・通勤手当は含まないものとする)

2　前項にかかわらずある一定の企業規模になったときは1か月の時間外労働が60時間を超えたときは、前項第1号の算式中「0.25」とあるのを「0.5」と読み替える。当分は0.25とするものとする。但し法改正があり2023年4月からは0.5とする。

3　第1項各号の1か月平均所定労働時間数は、次の算式により計算する。

年間所定労働日数　×　1日所定労働時間数÷12

4　第1項各号の諸手当に割増賃金相当額が含まれるときは当該額を控除するものとする。

(賃金の改定)

第9条　基本給及び諸手当等の賃金の改定（昇給・降給・現状維持のいずれかとする。）については、原則として毎

巻末資料

年　　月　　日に行うこととし、改定額については、
会社の業績及び従業員の勤務成績等を勘案して各人ご
とに決定する。

2　前項のほか、特別に必要があるときは、臨時に賃金
の改定を行うことがある。

（賃金の支払い方法）

第10条　賃金は通貨で直接本人にその全額を支払う。ただ
し、従業員との書面協定により、従業員が希望した場
合は、その指定する金融機関等の口座への振込みによ
り賃金の支払いを行うことがある。

（賃金からの控除について）

第11条　次に掲げるものは、賃金から控除することがある。

(1)　源泉所得税

(2)　健康保険及び厚生年金保険の保険料（介護保険
料を含む）の被保険者負担分

(3)　雇用保険の保険料の被保険者負担分

(4)　住民税（本人直接納付とすることがある）

(5)　労使協定により賃金から控除することとしたも
の

209

（賃金の計算期間と支払日）

第12条　賃金は、前月　　日から当月　　日までの分について、当月　　日に支払う。ただし、賃金支払日が休日にあたるときは、その前日に支払う。

　　2　賃金は原則社長が直接支給するものとする。

（中途入社の賃金の計算方法）

第13条　賃金計算期間の中途に入社、退社、休職、復職した場合は、その月の賃金を下記の計算式により日割計算して支払う。

$$\frac{基準内賃金}{1か月の平均所定労働日数} \times 出勤日数$$

（欠勤等の扱い）

第14条　欠勤、遅刻、早退及び私用外出をした場合の時間については、原則として1日又は1時間当たりの賃金額に欠勤、遅刻、早退及び私用外出の合計時間数を乗じた額を差し引くものとする。

　⑴　遅刻・早退・私用外出等の控除

$$\frac{基本給}{1か月の平均所定労働時間数} \times 不就労時間数$$

巻末資料

(2) 欠勤控除

$$\frac{基本給}{1か月の平均所定労働日数}×不就労日数$$

(休暇休業等の賃金)

第15条　年次有給休暇の期間は、所定労働時間労働したとき
　　　に支払われる通常の賃金を支給する。ただし、日によ
　　　り勤務時間数または勤務時間帯が異なり通常の賃金を
　　　算定しがたい場合は平均賃金を支給する。

　2　次の休暇及び休業期間等は原則無給とする。

　　(1)　産前産後休業

　　(2)　育児・介護休業期間

　　(3)　育児時間

　　(4)　子の看護休暇・介護休暇

　　(5)　生理日の措置の日又は時間

　　(6)　母性健康管理のための休暇等の時間

　　(7)　公民権行使の時間又は日

　　(8)　休職の定めによる休職期間

　3　(1)(2)については健康保険制度・雇用保険制度の給付
　　　条件を満たせば、各制度から所得補償をうけることが
　　　できるものとする。

　4　会社の責めに帰すべき事由により、休業したときは、
　　　休業手当を支給する。休業手当の額は、1日につき平

211

均賃金の6割とする。

（賞与の考え方）

第16条　会社は、各期の業績を勘案して、原則として年2回、6月と12月に賞与を支給する。ただし、会社の業績の著しい低下その他やむを得ない事由がある場合には、支給時期を延期し、又は支給しないことがある。

2　前項の賞与の評価対象期間は次のとおりとし、支給日当日に会社に在籍し、かつ通常に勤務していた者について支払うこととする。

賞与支給月	評価対象期間
7月	前年12月1日から当年5月31日
12月	当年6月1日から当年11月30日

3　支給は原則社長が直接現金支給するものとする。

第3章
「退職金の計算と支払い方」

（適用範囲と考え方）

第1条　この規程の適用には、期間を定めて雇用される者及びアルバイトには適用しない。なお、当社の退職金を支給するときは、在職時の功労報償説として支給する

巻末資料

ものとする。なお定めない間はないものとする。

（退職金共済契約等）

第2条　この規程による退職金の支給を確実にするために、会社は従業員を被共済者として勤労者退職金共済機構中小企業退職金共済事業本部（以下「中退共」という。）と退職金共済契約を締結することがある。または、生命保険会社との間で、退職金を目的とする生命保険契約を締結することがある。

　　2　契約を締結した時は、新たに雇い入れた従業員は、試用期間を経過し、本採用となった日より1年を経過した日の翌月に中退共と退職金共済契約を締結することがある。または、生命保険会社と退職金を目的とした契約を締結することがある。

（退職金の算定方式）

第3条　退職金は退職金共済制度又は、生命保険会社との締結した場合には、契約の内容の金額の範囲内で退職金を支給するものとする。生命保険の契約による退職金は退職の時点でのその保険の解約返戻金の範囲内で支給するものとする。

213

（退職金額）

第４条　当該規程の適用を受ける従業員が１年以上勤務した場合であって、次の各号のいずれかに該当する事由により退職したときは、退職金共済制度または、生命保険会社の保険契約の支払をもって支給するものとする。

⑴　定年に達したとき

⑵　役員（ただし、兼務役員を除く）に就任したとき

⑶　業務外の私傷病により担当職務に耐え得ないと認めたとき

⑷　業務上の傷病によるとき

⑸　会社都合によるとき

⑹　死亡したとき

２　当該従業員が、次の各号のいずれかに該当する事由により退職したときは、前項の６割を支給するものとする。

⑴　自己都合によるとき

⑵　休職期間が満了して復職できないとき

（退職金の減額）

第５条　懲戒処分があった場合には退職金の未支給若しくは減額をすることがある。この場合、中退共から支給される退職金について、会社はその減額を申し出ること

巻末資料

がある。

（勤続年数の計算）
第6条　第4条の勤続年数の計算は、雇い入れた月から退職
　　　　の月までとし、1年に満たない端数月は切り捨てる。
　　2　休職期間及び業務上の負傷又は疾病以外の理由によ
　　　　る欠勤が1か月を超えた期間は勤続年数に算入しな
　　　　い。

（退職金の支払方法）
第7条　退職金は、会社が従業員（従業員が死亡した場合は
　　　　その遺族）に交付する退職金共済手帳により、従業員
　　　　又は遺族が中退共から直接支給を受けるものとする。
　　　　生命保険会社との保険契約の時は、会社から直接支払
　　　　われるものとする。
　　2　従業員が退職又は死亡したときは、やむを得ない理
　　　　由がある場合を除き、本人又は遺族が退職又は死亡後
　　　　すみやかに中退共に対して退職金を請求できるよう、
　　　　会社は本人の退職又は死亡後遅滞なく退職金共済手帳
　　　　を本人又は遺族に交付する。生命保険契約の時は、遺
　　　　族が死亡保険金の受取人の時は請求にもとづき、遺族
　　　　に保険金が支払われるものとする。
　　3　退職金の支給は原則社長が直接支給するものとす

215

る。
　　ただし、退職金共済制度による時は、その契約に定め
　　れれた金額が中小企業退職金共済から直接送金される
　　ものとする。

（退職金の加算）
第8条　在職中の勤務成績が特に優秀で、会社の業績に功労
　　　　顕著であったと会社が認めた従業員に対し、退職金を
　　　　特別に加算して支給することがある。

第四章
「役員報酬の計算と支払い方」

（適用範囲）
第1条　この規程は常勤の役員に適用する。
（支給の手続き）
第2条　報酬、退職慰労金の支給については、会社法の定め
　　　　るところにより、株主総会の承認を得て行うものとす
　　　　る。

（報酬の形態）
第3条　報酬は月額をもって定めるものとする。

巻末資料

（報酬の決定基準）

第4条　報酬は、次の事項を総合的に判断して決めるものとする。

(1)　業務遂行の難易度

(2)　責任の度合い

(3)　会社の経営状態

(4)　従業員賃金との相対性

(5)　同業他社の相場

（報酬の支払い方法及び控除）

第5条　報酬の支払方法及び控除については従業員の支払方法に準じるものとする。

（退職慰労金の支払い）

第6条　役員が任期満了等により、退職するときは、退職慰労金を支給することがあるものとする。

（退職慰労金の算定式）

第7条　退職慰労金は、支給すると定めた時は、本人の退職時の報酬月額に在任年数および倍率を乗じて得られた額の累計額とする。

退職慰労金＝退任時報酬月額×在任年数×倍率

倍率は2倍から3倍の範囲内とする。

217

（役員報酬及び退職慰労金の減額等）

第8条　役員報酬及び退職慰労金は、在任中会社に重大な損害を与えた時は、役員報酬及び退職慰労金を減額し、または支給しないことがあるものとする。

（死亡のときの取り扱い）

第9条　役員報酬及び退職慰労金は、役員が死亡したときは、その遺族に支給するものとする。

第5章
「役員生命保険規程の考え方と支払い方法」
（第二の社長の給与等）

（目的とするところ）

第1条　この規程は、役員生命保険の取扱いについて定めたものである。

（生命保険契約の契約形態）

第2条　会社は、役員の退職慰労金および弔慰金を確保するため、生命保険会社との間で役員を被保険者、役員の遺族を保険金受取人とする生命保険契約を締結することがあるものとする。また、保険の種類によっては、会社を保険金受取人とすることもあるものとする。こ

の契約形態は従業員の退職金制度にも取り入れること
があるものとする。

（保険金について）
第3条　保険金は、次のとおりとする。
　　　　本人の死亡保険金を死亡退職慰労金相当額とする。

（保険料の負担）
第4条　会社が保険料全額を負担するものとする。

（退職慰労金の算定式）
第5条　退職慰労金は支給する時は、最終役員報酬月額に在
　　　　任年数および倍率を乗じて得られた額の範囲内とす
　　　　る。

（保険金の使途及び支払い方法）
第6条　解約返戻金または、保険金は、退職慰労金及び弔慰
　　　　金に充当するものとする。また、支払いは原則直接社
　　　　長が支払うものとする。

（保険証券の交付）
第7条　役員が退職するときは、退職慰労金の全部または一
　　　　部として、保険契約上の名義を退職役員に変更のうえ、

219

保険証券を交付することがあるものとする。この時、保険契約の評価は、解約返戻金相当額とするものとする。従業員対象契約があるときは、同様な取り扱いをすることがあるものとする。

この規程は令和　　年　　月　　日に制定し、実施する。

参考文献

「小さな会社☆社長のルール」 竹田陽一著 フォレスト出版
「なぜ 会社の数字は達成されないのか」 竹田陽一著 フォレスト出版
「最新 アメリカの賃金・評価制度」 笹島芳雄著 日本経団連出版
「商売繁盛12の心得」 松下幸之助著 PHP総合研究所
「役員報酬・賞与・退職慰労金」 荻原 勝著 経営書院
「ドラッカーが教える実践マーケティング戦略」 早嶋 聡史著 総合法令出版
「日本一わかりやすい退職金・適年制度改革実践マニュアル」 大津 章敬著 日本法令
「オーナー社長の戦略的生命保険活用術」 亀田 美智博著 株式会社 幻冬舎
参考データ
厚生労働省 賃金構造基本統計調査

著者紹介

三村　正夫（みむら・まさお）

1955年福井市生まれ。
芝浦工業大学卒業後、昭和55年日本生命保険相互会社に入社し、販売関係の仕事に22年間従事した。その後、平成13年に石川県で独立し、開業18周年を迎える。就業規則の作成指導は開業時より積極的に実施しており、県内の有名大学・大企業から10人未満の会社まで幅広く手がける。信念は「人生は自分の思い描いたとおりになる」
その他特定社会保険労務士・行政書士など22種の資格を取得
㈱三村式経営労務研究所　代表取締役
三村社会保険労務士事務所　所長
　著書に「改訂版サッと作れる小規模企業の就業規則」「サッと作れる小規模企業の人事制度」「サッと作れるアルバイト・パートの賃金退職金制度」「サッと作れる小規模企業の高齢再雇用者賃金・第二退職金」（経営書院）「ブラック役場化する職場・知られざる非正規公務員の実態」（労働調査会）「熟年離婚と年金分割熟年夫のあなた、思い違いをしていませんか」「超人手不足時代がやってきた！小さな会社の働き方改革・どうすればいいのか」（セルバ出版）など

改訂版
サッと作れる小規模企業の賃金制度

2012年 3 月14日　第 1 版　第 1 刷発行	定価はカバーに表
2013年 1 月17日　第 1 版　第 2 刷発行	示してあります。
2013年12月 3 日　第 1 版　第 3 刷発行	
2016年 1 月15日　第 1 版　第 4 刷発行	
2019年 7 月 8 日　第 2 版　第 1 刷発行	

著　者　三　村　正　夫

発行者　平　　　盛　之
㈱産労総合研究所

発行所　出版部　経｜営｜書｜院

〒112-0011
東京都文京区千石 4 ―17―10　産労文京ビル
電話03（5319）3620　振替 00180-0-11361

落丁・乱丁はお取替えいたします　　　　印刷・製本　中和印刷株式会社

ISBN978-4-86326-282-9